Third Edition

GERMAN VERB DRILLS

Astrid Henschel

McGraw·Hill

New York   Chicago   San Francisco   Lisbon   London   Madrid   Mexico City
Milan   New Delhi   San Juan   Seoul   Singapore   Sydney   Toronto

8 9 10 11   MAL/MAL   3 2 1 0 9 8

ISBN 0-07-142088-6
Library of Congress Control Number: 2004103589

Interior design by Rattray Design

McGraw-Hill books are available at special quantity discounts to use as premiums and sales promotions, or for use in corporate training programs. For more information, please write to the Director of Special Sales, Professional Publishing, McGraw-Hill, Two Penn Plaza, New York, NY 10121-2298. Or contact your local bookstore.

This book is printed on acid-free paper.

Contents

The Past Tense 49

Perfect Tenses, Reflexive and Impersonal Verbs, Infinitive Constructions, and Passive Voice   69

Part 5

The Subjunctive and Conditional Moods 93

Introduction

Practice is an indispensable element of mastery in foreign language learning, as it is in other subject areas. *German Verb Drills* is an excellent supplement to basic classroom texts and is particularly valuable as a tool for individualized instruction and practice.

In a clear and concise way this book leads students to an understanding of how German verbs are formed and used. A variety of drills reinforces the ability to manipulate the language in its written form, and many of the exercises can be easily converted to oral drills, thereby adding another dimension to practice. Students use the verbs in context, and the emphasis is upon contemporary, colloquial use of the language. Answers for all the exercises are provided in the Answer Key.

German Verb Drills is composed of five parts and follows the normal progression of most basic texts, beginning with the present tense of regular and irregular verbs and ending with a study of the subjunctive mood. Review exercises are placed at the end of each part, and a German–English/English–German index of verbs is provided at the end of the book. This book should be an invaluable aid for students wishing to advance more quickly in their study of German, as well as for those who need additional understanding and practice for mastering classroom assignments.

Part 1

The Present Tense of Regular, Irregular, and Modal Verbs

1 · Infinitive

Most German verbs have their infinitives ending in -en.

> sag<u>en</u>—to say
> geh<u>en</u>—to go

The stem of the verb is found by dropping the infinitive ending -en. The stem of **sagen** would therefore be **sag-** and the stem of **gehen, geh-**.

2 · Present tense of regular verbs

The present tense of a German verb is formed by adding the following endings to the stem of the verb.

	singular	*plural*
1st person	-e	-en
2nd person	-st	-t
	-en	-en
3rd person	-t	-en

sag<u>en</u>—to say

singular

| 1st person | ich sage—I say, I am saying, I do say |
| 2nd person | du sagst or Sie sagen—you say, you are saying, you do say |

3rd person	er sagt—he says, he is saying, he does say
	sie sagt—she says, she is saying, she does say
	es sagt—it says, it is saying, it does say
	man sagt—one says, one is saying, one does say

plural

1st person	wir sagen—we say, we are saying, we do say
2nd person	ihr sagt or Sie sagen—you say, you are saying, you do say
3rd person	sie sagen—they say, they are saying, they do say

Du, **ihr**, and **Sie** all mean *you*. The familiar form **du** (singular) is used in speaking to a child, relative, or close friend; **ihr** (plural) is used in speaking to several children, relatives, or close friends; **Sie** (singular and plural) is used in speaking to one or several adults other than those listed above.

Paul, was sagst du?	Paul, what are you saying?
Mutter, was sagst du?	Mother, what are you saying?
Paul und Hans, was sagt ihr?	Paul and Hans, what are you saying?
Herr Braun, was sagen Sie?	Mr. Brown, what are you saying?
Frau Schmidt und Herr Braun, was sagen Sie?	Mrs. Smith and Mr. Brown, what are you saying?

The indefinite pronoun **man** may be translated *one*, *we*, *they*, *you*, or *people*. It is used quite frequently in German speech.

Man sagt das nicht!	One doesn't say that.

There are no progressive forms (*am*, *are*, or *is* followed by the present participle ending *-ing*) or emphatic forms (*do* or *does*). Therefore, *he is saying*, *he does say*, and *he says* can only be translated **er sagt**.

When the stem of the verb ends in -s, -ss, -sch, -z, or -tz, the s of the second person singular is dropped.

heissen	du heis_t_
sitzen	du sit_z_t

When the stem of the verb ends in -t or -d, an e is inserted between the stem and the ending of the verb in the second and third person singular and the second person plural.

antworten—to answer

du antwortest

er antwortet

ihr antwortet

Verbs whose stem ends in **-el** or **-er** have only an **n** as the infinitive ending.

lächeln—to smile

The first person singular is then usually shortened by dropping the e.

ich lächle—I smile

Interrogative

When forming a question, the order of the subject and the verb is reversed; the verb becomes the first element.

verb   subject
Wohnen sie in Amerika?   Do they live in America?

common verbs conjugated as described in sections 1 and 2

ändern—to change	erzählen—to tell
antworten—to answer	feiern—to celebrate
arbeiten—to work	fragen—to ask
atmen—to breathe	führen—to lead
baden—to bathe, swim	gehen—to go
beginnen—to begin	gehorchen—to obey
besuchen—to visit	glauben—to believe
beten—to pray	hämmern—to hammer
bewegen—to move	hängen—to hang
bezahlen—to pay	heissen—to be called, to be named
blühen—to bloom	hoffen—to hope
brauchen—to need	hören—to hear
danken—to thank	kaufen—to buy
decken—to cover	klingeln—to ring a bell
dienen—to serve	klopfen—to knock
drehen—to turn	kommen—to come
erklären—to explain	kosten—to cost
erwarten—to expect	lächeln—to smile

lachen—to laugh	sitzen—to sit
leben—to live	spielen—to play
lieben—to love	steuern—to steer
machen—to make, to do	suchen—to look for, search
pflanzen—to plant	tanzen—to dance
probieren—to try	warten—to wait
prüfen—to test	weinen—to cry
rauchen—to smoke	wiederholen—to repeat
reden—to talk	wispern—to whisper
reisen—to travel	wohnen—to live, to reside
sagen—to say	wünschen—to wish
schauen—to look	zahlen—to pay
schicken—to send	zählen—to count
schütteln—to shake	zeigen—to show, point

Exercise 1

Write the present tense of the following verbs.

hören   ich _____

du _____

Sie _____

er _____

wir _____

ihr _____

Marie _____

die Kinder _____

baden   ich _____

du _____

Herr Braun _____

sie (sing.) _____

ihr _____

Hans und Peter _____

sitzen   ich _____

du _____

sie (sing.) _____

wir _____

ihr _____

Sie _____

Exercise 2

Write the present tense of the following verbs.

bauen	ich _____
	du _____
	wir _____
	ihr _____
fragen	sie (pl.) _____
	er _____
	ihr _____
machen	du _____
	Sie _____
	Luise _____
reisen	wir _____
	ihr _____
	du _____
klingeln	ich _____
	Paul _____
	Paul und Hans _____
warten	du _____
	wir _____
	ihr _____
kosten	es _____

Exercise 3

Answer the questions or complete the statement with the cue given.

Example: Bezahlst du die Rechnung? Ja, ich bezahle die Rechnung.

1. Wer beantwortet das? Er _____
2. Beantwortest du das? Ja, _____
3. Klingelst du? Ja, _____
4. Klingelt ihr? Ja, _____
5. Was machen Paul und Udo? (lachen) _____
6. Herr Braun, rauchen Sie? Ja, _____
7. Tanzt ihr gut? Ja, _____
8. Wo sitze ich? (hier) _____

9. Herr Braun und Frau Schmidt, sind Sie heute gesund? _____

10. Spielst du Klavier? Ja, _____

11. Fehlen Brigitte und Hans? _____

12. Sucht Brigitte etwas? Ja, _____

13. Wo hängt das Bild? (hier) _____

14. Ich probiere das Eis, und er? Ja, _____

15. Wohnen Bruno und Ilse in Bonn? Ja, _____

16. Ich pflanze Rosen. Du _____

17. Ich heisse Fritz. Du _____

18. Fünf Rosen kosten EUR 10. Eine Rose _____

19. Ich warte auf Post. Du _____

20. Sie lächeln oft. Ich _____

3 · Present tense of <u>haben</u>, <u>sein</u>, and <u>werden</u>

The present tense of **haben** and **sein** is also used to form the present perfect and the future perfect tenses. **Werden** is also used to form the future tense.

haben—to have

ich habe	wir haben
du hast	ihr habt
er/sie/es hat	sie/Sie haben

sein—to be

ich bin	wir sind
du bist	ihr seid
er/sie/es ist	sie/Sie sind

werden—to become

ich werde	wir werden
du wirst	ihr werdet
er/sie/es wird	sie/Sie werden

Exercise 4

Fill in the blank with the correct form of the verb.

1. (werden) Ich _____ krank.
2. (haben) Er _____ Hunger.
3. (sein) Ich _____ hier.
4. (haben) Wir _____ ein Buch.
5. (werden) Luise _____ nervös.
6. (sein) Er _____ da.
7. (sein) Ihr _____ nervös.
8. (haben) Ich _____ Hunger.
9. (werden) _____ Paul und Luise nervös?
10. (werden) Der Kaffee _____ kalt.

4 · Present tense of irregular verbs

A number of verbs have a stem vowel change in the second and third person singular. These are irregular verbs. There is no change in the endings of these present tense verbs.

Vowel change from <u>e</u> to <u>i</u>

<u>geben</u>—to give

ich gebe	wir geben
du gibst	ihr gebt
er/sie/es gibt	sie/Sie geben

common verbs with a vowel change from <u>e</u> to <u>i</u>
brechen—to break
essen—to eat
helfen—to help
messen—to measure

nehmen[1]—to take
sprechen—to speak
stechen—to poke
sterben—to die
treffen—to meet
treten[2]—to step
verbergen—to hide
vergessen—to forget
werfen—to throw

Vowel change from <u>e</u> to <u>ie</u>

<u>lesen</u>—to read

ich lese	wir lesen
du liest	ihr lest
er/sie/es liest	sie/Sie lesen

common verbs with a vowel change from <u>e</u> to <u>ie</u>
befehlen—to command, order
empfehlen—to recommend
geschehen—to happen
sehen—to see
stehlen—to steal

Vowel change from <u>a</u> to <u>ä</u>

<u>fallen</u>—to fall

ich falle	wir fallen
du fällst	ihr fallt
er/sie/es fällt	sie/Sie fallen

---

1. <u>Nehmen</u> drops the **h** in the second and third person singular and doubles the **m**, forming **du <u>nimmst</u>** and **er <u>nimmt</u>**.

2. <u>Treten</u> adds a **t** in the second and third person singular, forming du **tri<u>tt</u>st** and er **tri<u>tt</u>**.

common verbs with a vowel change from a̱ to ä

backen—to bake

empfangen—to receive

fahren—to go (by vehicle)

fangen—to catch

halten—to hold

lassen—to let

laufen—to run

raten—to guess

saufen—to drink (animals)

schlafen—to sleep

tragen—to carry

wachsen—to grow

waschen—to wash

Exercise 5

Conjugate the following verbs.

essen   ich _____

du _____

er _____

ihr _____

sehen   wir _____

du _____

Luise _____

Sie _____

schlafen   du _____

Paul _____

ihr _____

sie (pl.) _____

nehmen   ich _____

wir _____

du _____

cr _____

Herr Braun und Herr Schmidt _____

Exercise 6

Fill in the blank with the correct form of the verb.

(werfen) er _____

(sprechen) ich _____

(vergessen) Luise _____

(sprechen) du _____

(vergessen) wir _____

(tragen) ihr _____

(wachsen) der Baum _____

(lassen) du _____

(waschen) ich _____

(empfangen) Paul _____

(sehen) du _____

(empfangen) Sie _____

(laufen) er _____

(nehmen) ich _____

(geschehen) es _____

(nehmen) ihr _____

(fahren) er _____

(nehmen) du _____

(helfen) Herr Braun _____

(stehlen) Marie _____

5 · Verbs with separable prefixes in the present tense

German verbs have separable and inseparable prefixes. Inseparable prefixes are never separated from the verb. Example: <u>ver</u>suchen—to try: **ich versuche, du versuchst**. In the present tense, separable prefixes are separated from the verb and are placed at the end of the clause. The same rule applies to the imperative and the past tense.

> <u>vor</u>stellen—to introduce
> Hans stellt Luise <u>vor</u>.   Hans introduces Luise.

Common separable prefixes

The meaning of the prefixes given here is just a guide, for the combination of verb and prefix often changes the meaning of the prefix—e.g., **aufhören**—to stop.

ab—off, down:	abholen—to pick up, to fetch
	abnehmen—to take off, to lose weight
an—at, on:	ankommen—to arrive
	anrufen—to call up (on the telephone)
	ansehen—to look at
	anziehen—to put on, to dress
auf—up:	aufhören—to stop
	aufpassen—to pay attention
	aufstehen—to get up
aus—out:	ausgehen—to go out
	aussteigen—to climb out, to get out
ein—into:	einkaufen—to buy, to shop
	eintreten—to enter
entgegen—towards:	entgegengehen—to go to meet
	entgegeneilen—to hasten to meet
	entgegensehen—to look forward to
fort—away:	fortgehen—to go away
	fortsetzen—to continue
heim—home:	heimgehen—to go home
	heimkommen—to come home
her—hither:	herholen—to fetch
	herkommen—to come hither (to the speaker)
	herstellen—to produce
heraus—come out:	herausbringen—to bring out
	herausreissen—to tear out
herein—in:	hereinkommen—to come in
	hereinlassen—to let in
hin—thither:	hingehen—to go there (away from the speaker)
hinaus—out:	hinausgehen—to go out
	hinauswerfen—to throw out
hinein—into:	hineinfallen—to fall into
	hineinreiten—to ride into (on horseback)
mit—with, along:	mitbringen—to bring along
	mitnehmen—to take along

nach—after:	nachdenken—to reflect
	nachfragen—to inquire
	nachlaufen—to run after
nieder—down:	niederbrennen—to burn down
	niedersteigen—to descend
um—around, at:	umpflanzen—to transplant
	umsehen—to look around
	umziehen—to move (to change residence)
unter—under:	untergehen—to sink, to perish
vor—before:	vorbereiten—to prepare
	vorgehen—to precede; to be fast (clock)
	vorhaben—to be going (planning) to do
weg—away:	weggehen—to go away
	wegführen—to lead away
zu—to:	zuhören—to listen to
	zumachen—to close
zurück—back:	zurückfahren—to go back (by vehicle)
	zurückgeben—to give back
	zurückkehren—to turn (or come) back, return
zusammen—together:	zusammenbringen—to bring together
	zusammenkommen—to come together
	zusammenlegen—to put together

Exercise 7

Fill in the proper form of the verb.

aufstehen	ich _____
	Hans _____
einkaufen	du _____
	wir _____
anrufen	Sie _____
	ihr _____
umziehen	Paul und Walter _____
	Luise _____
nachdenken	ich _____
	er _____

Exercise 8

Form a sentence with each group of words.

Example: eintreten, wir, ins Haus

                Wir treten ins Haus ein.

1. abholen, Paul, Luise _____

2. eintreten, Marie, ins Zimmer _____

3. entgegeneilen, das Auto, dem Haus _____

4. vorhaben, wir, nichts _____

5. mitnehmen, du, das Brot _____

6. zumachen, ich, die Tür _____

7. hereinlassen, du, den Hund _____

8. ankommen, Paul und Hans, heute _____

9. zurückgeben, Sie, das Buch _____

10. aufpassen, ihr, immer _____

Exercise 9

Answer the following questions in the affirmative.

1. Rufst du Paul an? Ja, _____

2. Geht ihr morgen einkaufen? _____

3. Fahren Sie nach Berlin zurück? _____

4. Bringt ihr das Kind mit? _____

5. Schaut Herr Braun das Buch an? _____

6. Herr Braun, hören Sie gut zu? _____

7. Geht das Boot unter? _____

8. Machen die Kinder die Tür zu? _____

9. Was ziehst du für die Party an? (Jeans) _____

10. Stellst du Peter vor? _____

6 · Modal auxiliaries in the present tense

German has the following six modal auxiliaries:

>**dürfen**—expresses permission (to be allowed to, may)
>**können**—expresses ability or possibility (to be able to, can)
>**mögen**—expresses inclination or liking (to like, care to)
>**müssen**—expresses compulsion or necessity (to have to, must)
>**sollen**—expresses obligation or hearsay (to be expected to, be said to)
>**wollen**—expresses will or desire (to want to, or claim to)

The auxiliary verb changes according to person and number (**ich kann, du musst, sie will**) and is almost always followed by an infinitive, which never changes its form or takes **zu**. The infinitive form is always placed at the end of the clause.

auxiliary verb   infinitive
Er will ein Buch lesen.   He wants to read a book.

conjugation of the modal auxiliaries in the present tense

	dürfen—may	*können—can*	*müssen—must*
ich	darf[3]	kann	muss
du	darfst	kannst	musst
er/sie/es	darf	kann	muss
wir	dürfen	können	müssen
ihr	dürft	könnt	müsst
sie/Sie	dürfen	können	müssen

	sollen—supposed to	*wollen—want*
ich	soll	will
du	sollst	willst
er/sie/es	soll	will
wir	sollen	wollen
ihr	sollt	wollt
sie/Sie	sollen	wollen

---

3. Note the vowel change in the singular forms of the above verbs (all except **sollen**). Also note that the first and third person singular are the same—**ich will, er will**.

	mögen—like	*mögen is also commonly conjugated in the following way:*
ich	mag	möchte[4]
du	magst	möchtest
er/sie/es	mag	möchte
wir	mögen	möchten
ihr	mögt	möchtet
sie/Sie	mögen	möchten

Exercise 10

Write the modal verb in the present tense.

müssen	ich _____
	er _____
	wir _____
	ihr _____
sollen	du _____
	Luise _____
	Sie _____
	wir _____
dürfen	ich _____
	du _____
	Paul und Luise _____
	Herr Braun _____
können	du _____
	wir _____
	ihr _____
wollen	ich _____
	er _____
	wir _____
mögen	ich _____
	ihr _____

---

4. **Möchte** (actually the past subjunctive of **mögen**) means "would like."

Exercise 11

Form new sentences using the modal in parentheses.

1. (müssen) Er geht ins Haus. _____
2. (wollen) Sie kauft ein Buch. _____
3. (sollen) Wir sind still. _____
4. (wollen) Ich fahre mit dem Auto. _____
5. (können) Ihr sprecht Deutsch. _____
6. (können) Herr Braun, Sie haben ein Buch. _____
7. (mögen) Er liest das Buch. _____
8. (dürfen) Du gehst jetzt nach Hause. _____
9. (dürfen) Hans und Luise laufen ins Wasser. _____
10. (sollen) Frau Schmidt arbeitet im Garten. _____

Review of part 1

Exercise 12

Fill in the proper form of the verb using the present tense.

1. (haben) er _____
2. (haben) du _____
3. (schlagen) Marie _____
4. (sein) ich _____
5. (sein) Sie _____
6. (sein) Herr Braun _____
7. (treffen) du _____
8. (nehmen) ihr _____
9. (werfen) Paul und Luise _____
10. (fallen) er _____
11. (wohnen) wir _____
12. (antworten) ihr _____

13. (lesen) du _____

14. (kaufen) Marie _____

15. (aufhören) ich _____

16. (laufen) er _____

17. (wispern) ihr _____

18. (treten) er _____

19. (anfangen) es _____

20. (geben) Marie _____

21. (aufpassen) die Kinder _____

22. (befehlen) der Vater _____

23. (erwarten) ihr _____

24. (feiern) wir _____

25. (geschehen) es _____

26. (lächeln) das Mädchen _____

27. (reden) ihr _____

28. (lassen) er _____

29. (beten) ihr _____

30. (heissen) du _____

31. (untergehen) wir _____

32. (tragen) er _____

33. (heimgehen) ich _____

Exercise 13

Form sentences with the group of words given.

1. ich/laufen/schnell _____

2. wir/sein/hier _____

3. er/kommen? _____

4. was/sagen/Gretel? _____

5. wie/heissen/du? _____

6. wir/verkaufen/Eis _____

7. Sie/vorstellen/die Freunde _____

8. es/halten/gut _____

9. das Kind/waschen/die Hände _____

10. Hans/tragen/die Hefte _____

11. du/mitbringen/den Freund _____

12. was/vorschlagen/Sie? _____

13. Marie/lesen/den Roman _____

14. wann/ankommen/der Bus? _____

15. wir/aufstehen _____

16. du/sehen/den Film _____

17. ihr/sein/hier _____

18. du/sein/hier _____

19. du/mitnehmen/den Ball? _____

20. der Junge/fortgehen _____

21. du/reden/zu viel _____

22. was/vorschlagen/du? _____

23. er/baden/den Hund _____

24. du/laufen/ins Wasser? _____

25. ihr/arbeiten/lange? _____

Exercise 14

Translate the following sentences into German.

1. I must go. _____

2. They are allowed to play in the garden. (im Garten) _____

3. He can speak English. _____

4. You may forget the book, Paul. _____

5. May they go? _____

6. We want to go to school. (zur Schule) _____

7. You should not steal, Marie. _____

8. I like the book. _____

9. The child can write. _____

10. He would like to have the book. _____

Part 2

Imperative, Future Tense, and Present Perfect Tense

7 · Imperative

Formal command

When you address one or several people formally, the formal command is used. In the formal command, the verb has the **-en** ending of the **Sie** form. The pronoun **Sie** is always added. As in an interrogative sentence, subject and verb are inverted.

Kaufen Sie es!	Buy it!
Nehmen Sie das Buch!	Take the book!

Familiar command, singular

When you are on a **du** basis with a person, the familiar command, singular is used. To form the familiar command, singular, the **du** form of the present tense without the -(e)st ending is used.

kommen	du kommst	Komm!
essen	du isst	Iss!
sehen	du siehst	Sieh!

If the second person singular has an umlaut, the umlaut is not used in the command.

du wäscht	Wasch!

If the command ends in **-b**, **-d**, **-g**, **-h**, or **-t**, an **e** can be added to the command.

Find(e)!
Wart(e)!

Verbs that have a vowel as a stem ending usually keep the -e ending in the familiar command, singular.

schreien—to scream   Schreie!
säen—to sow   Säe!

Familiar command, plural

When you address several persons with whom you are on a **du** basis, the familiar command, plural, is used. This command form has the same form as the second person plural with the personal pronoun dropped.

Kauft!   Antwortet!
Lernt!   Esst!

Exhortations (mild commands)

When expressing the form *let us* (*Let's go! Let's eat!*), the first person plural with an inverted word order is used.

Gehen wir jetzt!   Let's go now!

command forms of <u>sein</u> and <u>werden</u>

Seien Sie!   Sei!   Seid!   Seien wir!
Werden Sie!   Werde!   Werdet!   Werden wir!

Exercise 15

Give the four imperative forms of the following verbs.

1. gehen _____

2. helfen _____

3. essen _____

4. laufen _____

5. nehmen _____

6. singen _____

7. schreien _____

8. werden _____

9. sehen _____

10. sein _____

11. haben _____

Exercise 16

Rewrite the following sentences in the familiar command, singular; the familiar command, plural; and the mild command.

1. Passen Sie gut auf!

   _____

2. Haben Sie keine Angst!

   _____

3. Fahren Sie bitte schnell!

   _____

4. Geben Sie es!

   _____

5. Vergessen Sie es nicht!

   _____

6. Seien Sie vorsichtig!

   _____

7. Treffen Sie Hans morgen!

   _____

8. Sprechen Sie laut!

   _____

9. Warten Sie, bitte!

   _____

10. Werden Sie nicht nervös!

    _____

Exercise 17

Give the proper response to the following commands.

Example: Sagen Sie Fritz, dass er es kaufen soll!

   Fritz, kauf es!

1. Sagen Sie Paul, dass er das Brot essen soll!

   _____

2. Sagen Sie Frau Braun, dass sie antworten soll!

   _____

3. Sagen Sie Paul und Hans, dass wir das Brot essen wollen!

   _____

4. Sagen Sie Paul und Hans, dass sie antworten sollen!

   _____

5. Sagen Sie Luise, dass sie still sein soll!

   _____

6. Sagen Sie Luise, dass wir gehen wollen!

   _____

7. Sagen Sie Paul und Fritz, dass sie nichts sagen sollen!

   _____

8. Sagen Sie Frau Schmidt und Frau Meier, dass sie das Geschenk auspacken sollen!

   _____

9. Sagen Sie Paul, dass er das Auto abholen soll!

   _____

10. Sagen Sie Professor Schmidt, dass er laut rufen soll!

   _____

8 · Future tense

The future tense is composed of the present tense of **werden** and an infinitive, which is always placed at the end of the clause.

Ich <u>werde</u> in die Schule <u>gehen</u>.   I shall go to school.
Du <u>wirst</u> in die Schule <u>gehen</u>.
Er/sie/es <u>wird</u> in die Schule <u>gehen</u>.
Wir <u>werden</u> in die Schule <u>gehen</u>.
Ihr <u>werdet</u> in die Schule <u>gehen</u>.
Sie/Sie <u>werden</u> in die Schule <u>gehen</u>.

Adverb of time

The present tense is usually used in place of the future tense when the clause includes an adverb of time.

Ich gehe <u>morgen</u> in die Schule.   Tomorrow I go to school.
Er kommt <u>bald</u>.   He will come soon.

Exercise 18

Rewrite the following sentences, using the future tense.

1. Er geht nach Hause.

   _____

2. Er wird krank.

   _____

3. Ich darf das.

   _____

4. Herr Braun kommt später.

   _____

5. Wir schwimmen im See.

   _____

6. Sie haben Hunger.

   _____

7. Liest du die Zeitung?

   _____

8. Wir sind hier.

   _____

9. Holt ihr den Vater ab?

_____

10. Sie fahren in die Stadt.

_____

Exercise 19

Make sentences out of the following groups of words.

Example: ich, schnell, schreiben, werde

Ich werde schnell schreiben.

1. Du, warten, wirst

_____

2. Herr Braun, ein Haus, kaufen, wird

_____

3. Morgen, Sie kommen?

_____

4. Die Klasse, in fünf Minuten, anfangen, wird

_____

5. Wir, gehen, nicht, werden

_____

6. Sie, mit dem Bus, fahren, werden

_____

7. Paul und Hans, holen, das Buch, werden

_____

8. Du, nervös, werden, wirst

_____

9. Ich, kommen, schnell, werde

_____

10. Marie, schlafen, lange, wird

_____

9 · Present perfect tense of weak verbs

Weak verbs do not change in the stem. They are "weak" because they have no strength to change. They remain the same in all tenses and forms.

Use of tense

While the English language prefers the past tense, the present perfect tense is ordinarily used in German conversation.

Er hat das Buch gekauft.   He has bought the book.

preferred English use
He bought the book.

Formation of tense

The present perfect tense is formed by using a form of **haben** or **sein** and the past participle of the main verb, which is placed at the end of the clause. The helping verb **haben** or **sein** must agree with the subject.

Ich habe Deutsch gelernt.   I have learned German.
Du hast Deutsch gelernt.
Er/sie/es hat Deutsch gelernt.
Wir haben Deutsch gelernt.
Ihr habt Deutsch gelernt.
Sie/Sie haben Deutsch gelernt.

Formation of past participle of weak verbs

Regular weak verbs form their past participle by adding the prefix **ge-** to the third person singular.

Past participle of **sagen**: third person singular of **sagen** is **sagt + ge-** (prefix) = **gesagt**

If the stem of the verb ends in **-d** or **-t**, add **-et**: **arbeiten, gearbeitet; baden, gebadet**. To aid pronunciation an **-et** is added to some verbs whose stems end in **-m** or **-n**: **öffnen, geöffnet; atmen, geatmet; but lernen, gelernt; wohnen, gewohnt.**

Exercise 20

Write the verb in parentheses in the present perfect tense.

1. (machen) Er _____ viel _____.

2. (lernen) Die Kinder _____ nicht _____.

3. (lachen) Das Mädchen _____ laut _____.

4. (hören) Ich _____ nichts _____.

5. (wohnen) Paul und Fritz _____ hier _____.

6. (kaufen) Der Mann _____ viel _____.

7. (tanzen) Die Mädchen _____ lange _____.

8. (antworten) Du _____ laut _____.

9. (weinen) _____ ihr laut _____?

10. (klopfen) Wir _____ laut _____.

Exercise 21

Write the following sentences in the present perfect tense.

1. Er baut ein Haus.

   _____

2. Sie atmen laut.

   _____

3. Die Jungen suchen den Ball.

   _____

4. Wir wünschen nicht viel.

   _____

5. Ich zeige das Buch.

   _____

6. Badest du jetzt?

   _____

7. Was sagt Herr Braun?

   _____

8. Er lebt lange.

_____

9. Fehlen sie?

_____

10. Es kostet nicht viel.

_____

11. Braucht ihr das?

_____

12. Wo arbeiten Sie, Herr Schmidt?

_____

13. Glaubst du das?

_____

14. Wir warten an der Tür.

_____

15. Die Mutter liebt das Kind.

_____

10 · <u>Haben</u> or <u>sein</u> as the auxiliary verb in perfect tenses

Most verbs use **haben** as the auxiliary in the present perfect tense. **Sein** is used when the verb shows a change of position or a change of condition. **Sein** is also used with two verbs of rest: **sein**—to be; **bleiben**—to remain.

The following are common verbs that show a change of position and therefore take **sein** as the helping verb:

> fahren—to go (by vehicle)
> fallen—to fall
> fliegen—to fly
> folgen—to follow
> gehen—to go
> kommen—to come
> kriechen—to creep
> laufen—to run

reisen—to travel
reiten—to ride (on horseback)
rennen—to run
schwimmen—to swim
sinken—to sink
springen—to jump

The following are common verbs that show a change of condition and therefore take **sein** as the helping verb:

ertrinken—to drown
sterben—to die
wachsen—to grow
werden—to become, to get

11 · Present perfect tense of strong verbs

Strong verbs change the stem of the verb in the past and perfect tenses.

Formation of past participle

Some strong verbs form their past participle by only adding the prefix **ge-** to the stem of the verb and the -**en** ending.

sehen—gesehen

Many strong verbs change the stem vowel in the past participle from **i** to **u**, **e** to **a**, **e** to **o**, etc.

treffen—getroffen
singen—gesungen

common verbs with a change from e to o

| befehlen[1] | befohlen | to order, command |
| brechen | gebrochen | to break |

---

1. **Befehlen, empfehlen**, etc., are verbs with inseparable prefixes. For an explanation of the formation of the past participle with an inseparable prefix, see Section 14.

empfehlen	empfohlen	to recommend
heben	gehoben	to lift
nehmen	genommen	to take
sprechen	gesprochen	to speak
stehlen	gestohlen	to steal
sterben	gestorben	to die
treffen	getroffen	to meet
werfen	geworfen	to throw

common verbs with a change from e to a

gehen	gegangen	to go
stehen	gestanden	to stand

common verbs with a change from i, ie, or ü to o

fliegen	geflogen	to fly
frieren	gefroren	to freeze
lügen	gelogen	to lie
riechen	gerochen	to smell
schieben	geschoben	to push
schliessen	geschlossen	to close
schwimmen	geschwommen	to swim
verlieren	verloren	to lose
ziehen	gezogen	to pull, to move (change residence)

common verbs with a change from ei to i or ie

beissen	gebissen	to bite
greifen	gegriffen	to grab
leihen	geliehen	to lend
pfeifen	gepfiffen	to whistle
reiten	geritten	to ride (on horseback)
schreiben	geschrieben	to write
schweigen	geschwiegen	to keep quiet
steigen	gestiegen	to climb
streiten	gestritten	to quarrel

common verbs with a change from i to u

binden	gebunden	to tie
finden	gefunden	to find
singen	gesungen	to sing
sinken	gesunken	to sink
springen	gesprungen	to jump
trinken	getrunken	to drink

common verbs with a change from i or ie to e

bitten	gebeten	to ask
liegen	gelegen	to lie (down)
sitzen	gesessen	to sit

other common verbs

essen	gegessen	to eat
haben	gehabt	to have
sein	gewesen	to be
tun	getan	to do
werden	geworden	to become, to get

Exercise 22

Supply the proper auxiliary in the following sentences.

1. Er _____ nach Hamburg gefahren.

2. Die Kinder _____ schnell gelaufen.

3. Die Blume _____ gut gerochen.

4. Ich _____ nach Hause gegangen.

5. _____ ihr in die Stadt gezogen?

6. Der Hund _____ gestorben.

7. Herr Braun _____ ins Auto gestiegen.

8. Wir _____ auf der Couch gesessen.

9. Er _____ krank geworden.

10. Wann _____ sie (pl.) gekommen?

11. Wir _____ im See geschwommen.

12. _____ du zu Hause geblieben?

13. Paul und Fritz _____ Milch getrunken.

14. Ich _____ zu Hause gewesen.

15. _____ du das Brot gegessen?

Exercise 23

Give the auxiliary (for the third person singular) and past participle of the following verbs.

1. fallen _____

2. sein _____

3. lesen _____

4. fangen _____

5. singen _____

6. essen _____

7. wachsen _____

8. sehen _____

9. sterben _____

10. sprechen _____

11. trinken _____

12. sitzen _____

13. schwimmen _____

14. steigen _____

15. treffen _____

16. geben _____

17. werden _____

18. werfen _____

19. brechen _____

20. fahren _____

21. helfen _____

22. nehmen _____

23. springen _____

24. bleiben _____

25. gehen _____

Exercise 24

Supply the past participle in the following sentences.

1. (beissen) Der Hund hat _____.

2. (fliegen) Wir sind weit _____.

3. (sehen) Hast du das Haus _____?

4. (geben) Sie haben mir das Buch _____.

5. (helfen) Das Kind hat der Mutter _____.

6. (reiten) Ich bin weit _____.

7. (fallen) Der Ball ist ins Wasser _____.

8. (finden) Habt ihr das Buch _____?

9. (sprechen) Du hast zu viel _____.

10. (waschen) Sie haben alles _____.

11. (werfen) Der Junge hat den Ball _____.

12. (fangen) Habt ihr den Ball _____?

13. (halten) Hat er die Tür _____?

14. (schliessen) Wir haben die Tür _____.

15. (treffen) Ich habe ihn gestern _____.

Exercise 25

Change the following sentences to the present perfect tense.

1. Du bist immer gut.

   _____

2. Ich gehe ins Theater.

   _____

3. Die Familie zieht nach Berlin.

   _____

4. Sie sind lange hier.

_____

5. Wir bleiben in der Stadt.

_____

6. Der Hund beisst.

_____

7. Er kommt sofort.

_____

8. Die Rose riecht gut.

_____

9. Er sitzt hier.

_____

10. Wer schwimmt dort?

_____

11. Hilfst du dem Bruder?

_____

12. Das Kind wird müde.

_____

13. Wir halten das Kind.

_____

14. Ich fahre nach Hause.

_____

15. Sie laufen schnell.

_____

16. Er spricht Deutsch.

_____

17. Ruft ihr die Mutter?

_____

18. Trinkst du Wasser?

_____

19. Sie springen ins Wasser.

_____

20. Er trifft sie dort.

_____

21. Trägst du das Buch?

_____

22. Wir lesen das Buch.

_____

23. Ich stehe vor der Tür.

_____

24. Die Kinder streiten wieder.

_____

25. Wir finden das Haus.

_____

26. Der Junge pfeift laut.

_____

27. Wir schweigen nicht gern.

_____

28. Der Vater liegt auf der Couch.

_____

29. Ihr schlaft lange.

_____

30. Wir binden die Blumen.

_____

31. Es friert.

_____

32. Die Kinder schreien laut.

_____

33. Ich lerne viel.

_____

12 • Present perfect tense of mixed verbs

Mixed verbs have a vowel change in the past participle as do strong verbs. However, the past participle of mixed verbs ends in -t, which is a characteristic of weak verbs.

past participles of mixed verbs

brennen	gebrannt	to burn
bringen	gebracht	to bring
denken	gedacht	to think
kennen	gekannt	to know
nennen	genannt	to name
rennen	gerannt	to run
senden	gesandt	to send
wenden	gewandt	to turn
wissen[2]	gewusst	to know

Exercise 26

Rewrite the following sentences in the present perfect tense.

1. Ich bringe das Buch.

   _____

2. Das Haus brennt.

   _____

3. Wir denken oft daran.

   _____

4. Sendet ihr das Paket?

   _____

5. Du rennst schnell!

   _____

6. Er weiss nichts.

   _____

---

2. The present tense of **wissen** is irregular in the singular: **ich weiss, du weisst, er weiss, wir wissen, ihr wisst, sie wissen.**

7. Was nennt ihr das Kind?

   _____

8. Sie wenden sich an uns.

   _____

9. Kennst du das Mädchen?

   _____

10. Wir wissen wer das ist.

   _____

13 · Present perfect tense with separable prefixes

When forming the past participle of verbs with separable prefixes (**ab-**, **ein-**, **vor-**, **zu-**, etc.), the **ge-** of the participle is placed between the separable prefix and the verb.

	infinitive	*past participle*
weak verb	einkaufen	eingekauft
strong verb	ankommen	angekommen

For a list of verbs with separable prefixes, see Section 5 in Part 1.

Exercise 27

Fill in the past participle.

1. (anrufen) Er hat Luise _____.
2. (aufstehen) Wir sind alle _____.
3. (nachlaufen) Das Kind ist dem Ball _____.
4. (hinauswerfen) Sie haben den Ball _____.
5. (zumachen) Du hast die Tür _____.
6. (umziehen) Ich bin _____.
7. (untergehen) Das Boot ist _____.
8. (abholen) Habt ihr das Auto _____?
9. (hineinfallen) Sie sind ins Wasser _____.
10. (herausreissen) Frau Müller hat die Blumen _____.

Exercise 28

Change the following sentences to the present perfect tense.

1. Ich bringe das Buch mit.

   _____

2. Wann kommst du heim?

   _____

3. Wir kehren am Sonntag zurück.

   _____

4. Die Klasse hört gut zu.

   _____

5. Die Schule brennt nieder.

   _____

6. Die Familie kommt am Samstag zusammen.

   _____

7. Was habt ihr vor?

   _____

8. Wir nehmen das Heft mit.

   _____

9. Wen lässt du herein?

   _____

10. Was kaufst du ein?

   _____

11. Die Kinder passen nicht auf.

   _____

12. Ich stehe immer um sieben Uhr auf.

   _____

13. Herr Braun denkt nie nach.

   _____

14. Paul und Luise reiten in den Wald hinein.

   _____

15. Paul stellt Luise vor.

   _____

14 • Present perfect tense with inseparable prefixes and verb stems ending in -ier

Inseparable prefixes

The inseparable prefixes—so called because they are never separated from the verb—are **be-**, **emp-**, **ent-**, **er-**, **ge-**, **ver-**, and **zer-**. Verbs with inseparable prefixes do not take the usual **ge-** prefix to form the past participle.

	infinitive	*past participle*
weak	verkaufen	verkauft
strong	verlassen	verlassen
	beginnen	begonnen

common verbs with inseparable prefixes

be-

befehlen	befohlen	to command
beginnen	begonnen	to begin
begreifen	begriffen	to comprehend
behalten	behalten	to keep
bekommen	bekommen	to receive
beschreiben	beschrieben	to describe
besitzen	besessen	to own
besprechen	besprochen	to discuss
besuchen	besucht	to visit
bewegen	bewogen	to move
beweisen	bewiesen	to prove

emp-

empfangen	empfangen	to receive
empfehlen	empfohlen	to recommend
empfinden	empfunden	to feel

ent-

entlassen	entlassen	to dismiss
entscheiden	entschieden	to decide

er-

erfahren	erfahren	to find out
erfinden	erfunden	to invent

erhalten	erhalten	to receive
erkennen	erkannt	to recognize
erscheinen	ist erschienen	to appear
ertrinken	ist ertrunken	to drown
erziehen	erzogen	to educate
ge-		
geschehen	ist geschehen	to happen
gewinnen	gewonnen	to win
ver-		
verbessern	verbessert	to correct
verbieten	verboten	to forbid
vergessen	vergessen	to forget
verlangen	verlangt	to demand
verlassen	verlassen	to leave
verlieren	verloren	to lose
versprechen	versprochen	to promise
verstecken	versteckt	to hide
verstehen	verstanden	to understand
zer-		
zerbrechen	zerbrochen	to break
zerreissen	zerrissen	to tear

Verb stems ending in -ier

Verbs ending in **-ieren** also do not take the usual **ge-** prefix to form the past participle. The past participle of these verbs is the same as the third person singular.

infinitive	*past participle*
probieren—er probiert	probiert
reparieren—er repariert	repariert

Ich habe den starken Kaffee probiert.	I have tried the strong coffee.
Er hat das Auto repariert.	He has repaired the car.

common verbs with stems ending in -ier

dividieren	to divide
korrigieren	to correct

marschieren	to march
musizieren	to make music
operieren	to operate
photographieren	to photograph
probieren	to try
regieren	to rule, govern
registrieren	to register
reparieren	to repair
servieren	to serve
telefonieren	to telephone

Exercise 29

Change the following sentences to the present perfect tense.

1. Er verliert das Buch.

   _____

2. Ich verspreche das nicht.

   _____

3. Wer regiert hier?

   _____

4. Wir empfinden nichts.

   _____

5. Photographiert ihr das Haus?

   _____

6. Die Mutter besucht uns heute.

   _____

7. Du gewinnst EUR 5!

   _____

8. Ich vergesse das Brot.

   _____

9. Die Jungen marschieren ums Haus.

   _____

10. Die Klasse beginnt um zehn Uhr.

   _____

11. Wir verkaufen das Haus.

_____

12. Ich verstecke das Geschenk.

_____

13. Du verlässt das Haus um zehn Uhr.

_____

14. Der Lehrer verbessert die Hausarbeit.

_____

15. Sie reparieren das Auto.

_____

_15_ · Present perfect tense with modal auxiliaries

The past participle for the modal auxiliaries has two forms.

gedurft, dürfen	gemusst, müssen
gekonnt, können	gesollt, sollen
gemocht, mögen	gewollt, wollen

The regular past participle with the **ge-** prefix is used when there is no other verb in the sentence.

Wir haben das Auto <u>gewollt</u>.	We wanted the car.
Er hat das Buch nicht <u>gemocht</u>.	He didn't like the book.

When another verb is also used (the other verb being called the dependent infinitive) the past participle without **ge-** is used. This past participle is identical with the infinitive. The dependent infinitive and the modal participle without **ge-** must always stand last in a sentence, the modal being the last element.

Wir haben das Auto kaufen <u>wollen</u>.	We wanted to buy the car.
Er hat das Buch nicht lesen <u>mögen</u>.	He didn't care to read the book.

Exercise 30

Restate the following sentences in English.

1. Haben Sie Deutsch gekonnt?

   _____

2. Ich habe das Buch kaufen dürfen.

   _____

3. Sie hat das Brot nicht gewollt.

   _____

4. Wir haben nach Hause gemusst.

   _____

5. Ich habe die Couch gemocht.

   _____

6. Wir haben viel lernen müssen.

   _____

7. Du hast den Apfel essen dürfen.

   _____

8. Paul hat Fritz anrufen wollen.

   _____

9. Hat er in die Schule gehen müssen?

   _____

10. Ihr habt das nicht gedurft!

    _____

Exercise 31

Change the following sentences to the present perfect tense.

1. Er kann es gut.

   _____

2. Wir können gut lesen.

   _____

3. Ich will nicht sprechen.

_____

4. Sie sollen ins Haus gehen.

_____

5. Wollt ihr diese Frau einladen?

_____

6. Paul und Luise mögen das.

_____

7. Ich mag das Buch.

_____

8. Er will es sofort.

_____

9. Wir müssen lange arbeiten.

_____

10. Mögen Sie mein Auto?

_____

Review of part 2

Exercise 32

Rewrite the following sentences in the familiar command, singular, and the familiar command, plural.

1. Sagen Sie nichts!

_____

2. Kommen Sie her!

_____

3. Kaufen Sie das!

_____

4. Schreiben Sie den Brief!

_____

5. Erwarten Sie nichts!

   _____

6. Springen Sie ins Wasser!

   _____

7. Leihen Sie mir EUR 5!

   _____

8. Gehen Sie ins Kino!

   _____

9. Lesen Sie das!

   _____

10. Haben Sie keine Angst!

    _____

Exercise 33

Change the following sentences to the future tense.

1. Der Mann geht nach Hause.

   _____

2. Morgen fahren wir in die Stadt.

   _____

3. Ich wohne in Chicago.

   _____

4. Er gibt ihr eine Blume.

   _____

5. Gehst du nächsten Sommer zur Schule?

   _____

6. Ihr sitzt auf der Bank.

   _____

7. Kannst du etwas sagen?

   _____

8. Ich bin müde.

   _____

9. Sie hat ein neues Auto.

_____

10. Müllers kaufen ein Boot.

_____

Exercise 34

Change the following sentences to the present perfect tense.

1. Wir fliegen nach Chicago.

_____

2. Weisst du das schon?

_____

3. Ich lerne Deutsch gern.

_____

4. Was macht ihr heute?

_____

5. Können Sie Deutsch verstehen?

_____

6. Das Kind wirft den Ball.

_____

7. Wir verlassen die Schule.

_____

8. Ich probiere das oft.

_____

9. Die Hunde rennen ums Haus.

_____

10. Du hast recht.

_____

11. Die Klasse beginnt um neun Uhr.

_____

12. Der Junge kauft viel.

_____

13. Wir kennen die Familie gut.

_____

14. Der Hund beisst.

_____

15. Die Frauen sprechen viel.

_____

16. Sie antwortet laut.

_____

17. Was kaufst du ein?

_____

18. Das Kind wächst schnell.

_____

19. Was nehmen wir mit?

_____

20. Ich öffne das Buch.

_____

Exercise 35

Change the following sentences to the present perfect tense.

1. Er ruft das Mädchen an.

_____

2. Wir denken oft an dich.

_____

3. Was sagen sie?

_____

4. Herr Braun geht über die Strasse.

_____

5. Die Kinder passen in der Schule auf.

_____

6. Luise musiziert im Wohnzimmer.

_____

7. Wirst du krank?

_____

8. Wie nennt man diese Stadt?

_____

9. Ich verliere immer mein Geld.

_____

10. Der Junge versteckt den Ball.

_____

11. Sie springen ins Wasser.

_____

12. Du musst kommen.

_____

13. Ihr steigt ins Auto.

_____

14. Die Klasse hört um zehn Uhr auf.

_____

15. Paul und Fritz baden nicht gern.

_____

16. Ich möchte im See schwimmen.

_____

17. Was habt ihr vor?

_____

18. Sie zerreissen das Papier.

_____

19. Er mag das sehr.

_____

20. Ich kann laut schreien.

_____

Part 3

The Past Tense

16 · Use of past tense

The past tense is usually used to tell a story or a sequence of past events.

Er machte die Tür auf und setzte sich auf den Stuhl. Dann schaute er mich an, sagte aber nichts.	He opened the door and sat on the chair. Then he looked at me but didn't say anything.

The past tense is also used to express a customary or repeated action.

Wir besuchten den Onkel oft.	We visited our uncle often.

The past tense is preferred to the present perfect when using the auxiliary verbs **haben, sein,** and **werden** and the modal auxiliaries **dürfen, können, mögen, müssen, sollen,** and **wollen.**

Er <u>war</u> krank.	He was ill.
Ich <u>wollte</u> das nicht.	I didn't want that.

When a clause is introduced by **als** (when), the past tense is used.

Als er ein Buch <u>kaufte</u>, <u>redete</u> er mit der Verkäuferin.	When he bought a book, he talked with the sales girl.

Otherwise, German prefers the present perfect tense, especially in conversation.

Was hast du gestern gemacht?	What did you do yesterday?
Ich habe ein Buch gekauft.	I bought a book.

49

17 · Past tense of weak verbs

Definition of weak and strong verbs

The term *strong* is applied to those verbs that form the past tense by a vowel change in the stem. *Weak* verbs do not have this strength and need a suffix to form the past tense.

>   *strong*   kommen—kam (come—came)
>   *weak*   sagen—sagte (say—said)

Formation of weak verbs in the past tense

Weak verbs form the past tense by adding the suffix -**te** to the stem of the verb.

>   sagen—sagte (to say)
>   wohnen—wohnte (to live, reside)

First and third person singular always have the same form and do not take an additional ending.

>   ich sagte
>   er sagte

However, the other persons have the usual personal endings in addition to the past tense suffix -**te**.

>   wir sagten
>   du sagtest   ihr sagtet
>   sie sagten

When a verb stem ends in -**t** or -**d**, an extra **e** is placed between the stem and the -**te** suffix: **warten—wartete**; **arbeiten—arbeitete**. To aid pronunciation an **e** is also added to some verbs whose stems end in **m** or **n**: **öffnen—öffnete**; **atmen—atmete**; but **lernen—lernte**; **wohnen—wohnte**.

Verbs with separable prefixes are separated in the past tense in the same manner as in the present tense.

>   Ich stelle Paul vor.   I introduce Paul.
>   Ich stellte Paul vor.   I introduced Paul.

summary conjugation of past tense weak verbs

sagen—to say

ich sag<u>te</u>	wir sag<u>ten</u>
du sag<u>test</u>	ihr sag<u>tet</u>
er/sie/es sag<u>te</u>	sie/Sie sag<u>ten</u>

Exercise 36

Change the following verb phrases to the past tense.

1. er weint _____
2. sie tanzen _____
3. ich schaue _____
4. Sie rauchen _____
5. Paul sucht _____
6. wir reden _____
7. sie dankt _____
8. du badest _____

Exercise 37

Rewrite the following paragraph in the past tense.

Der Unterricht endet heute. Nach dem Unterricht reisen wir nach Berlin. Wir besuchen meinen Onkel. Mutter bezahlt die Karten und sagt: "Auf Wiedersehen." Meine kleine Schwester weint heute nicht. Im Bus hören wir Musik und reden nicht viel. Der Mann neben uns raucht. In Berlin suchen wir die Karten. Onkel Paul wartet schon. Er führt uns ins Restaurant und kauft uns eine Tasse Kaffee. Er schmeckt sehr gut. Onkel Paul redet viel. Er baut ein neues Haus und zeigt es uns auf dem Wege nach Hause. Zu Hause öffnet die Tante die Tür und grüsst freundlich. Abends feiern wir Geburtstag.

_____

_____

_____

_____

_____

_____

18 • Past tense of strong verbs

All strong verbs have a stem vowel change in the past tense. The first and third person singular are the same and have no endings. The other persons have the usual personal endings.

sehen—to see

ich sah	wir sahen
du sahst	ihr saht
er/sie/es sah	sie/Sie sahen

Verbs with separable prefixes are separated in the past tense in the same manner as in the present tense.

Er geht ins Haus hinein.	He goes into the house.
Er ging ins Haus hinein.	He went into the house.

Following is a list of strong verbs in the past tense (note the vowel changes):

i, ie to a

beginnen	begann	to begin
binden	band	to tie
bitten	bat	to ask
ertrinken	ertrank	to drown
finden	fand	to find
gewinnen	gewann	to win
liegen	lag	to lie (down)
schwimmen	schwamm	to swim
singen	sang	to sing
sitzen	sass	to sit
springen	sprang	to jump
trinken	trank	to drink

ie, ü to o

anbieten	bot an	to offer
fliegen	flog	to fly

frieren	fror	to freeze
heben	hob	to lift
lügen	log	to lie
schieben	schob	to push
schiessen	schoss	to shoot
schliessen	schloss	to close
verbieten	verbot	to forbid
verlieren	verlor	to lose
ziehen	zog	to pull, to move (change residence)

ei to i, ie

begreifen	begriff	to comprehend
beissen	biss	to bite
beschreiben	beschrieb	to describe
bleiben	blieb	to stay, remain
greifen	griff	to reach
heissen	hiess	to be named
leihen	lieh	to lend
pfeifen	pfiff	to whistle
reiten	ritt	to ride (on horseback)
scheinen	schien	to shine
schreiben	schrieb	to write
schreien	schrie	to shout
steigen	stieg	to climb
vergleichen	verglich	to compare

e to a

essen	ass	to eat
fressen	frass	to eat (animals)
geben	gab	to give
geschehen	geschah	to happen
helfen	half	to help
lesen	las	to read
nehmen	nahm	to take
sehen	sah	to see
sprechen	sprach	to speak
stehen	stand	to stand

stehlen	stahl	to steal
sterben	starb	to die
treffen	traf	to meet
treten	trat	to step
vergessen	vergass	to forget
werfen	warf	to throw

a to u

einladen	lud ein	to invite
fahren	fuhr	to go (by vehicle)
schlagen	schlug	to beat
tragen	trug	to carry
wachsen	wuchs	to grow
waschen	wusch	to wash

a, ä, u, e to ie, i

blasen	blies	to blow
fallen	fiel	to fall
fangen	fing	to catch
gehen	ging	to go
halten	hielt	to hold
hängen	hing	to hang
lassen	liess	to let
laufen	lief	to run
rufen	rief	to call
schlafen	schlief	to sleep
verlassen	verliess	to leave

o, u to a

bekommen	bekam	to receive
kommen	kam	to come
tun	tat	to do

Exercise 38

Give the past of the following verbs in the first/third person singular.

1. trinken _____
2. sprechen _____
3. laufen _____
4. schwimmen _____
5. kommen _____
6. tun _____
7. vergessen _____
8. reiten _____
9. schreiben _____
10. verlieren _____
11. liegen _____
12. singen _____
13. fliegen _____
14. einladen _____
15. lesen _____
16. verlassen _____
17. fallen _____
18. waschen _____
19. sterben _____
20. gewinnen _____

Exercise 39

Conjugate the following verbs in the past tense.

kommen   ich _____
         du _____
         wir _____
         Paul _____
         ihr _____
         Paul und Fritz _____

fliegen	ich _____
	du _____
	er _____
	Marie _____
	Sie _____
	ihr _____
schlagen	ich _____
	du _____
	wir _____
	er _____
	Sie _____
	sie (pl.) _____
tun	ich _____
	wir _____

Exercise 40

Write the verb in parentheses in the past tense.

1. (heissen) ich _____

2. (werfen) du _____

3. (reiten) er _____

4. (stehlen) wir _____

5. (tragen) Sie _____

6. (fangen) wir _____

7. (geschehen) es _____

8. (nehmen) ihr _____

9. (beissen) er _____

10. (geben) sie (pl.) _____

11. (hängen) es _____

12. (fallen) er _____

13. (schliessen) ich _____

14. (pfeifen) er _____

15. (helfen) Herr Kur _____

16. (treffen) ihr _____

Exercise 41

Change the following verbs to the past tense.

1. Er spricht immer viel.

_____

2. Wie heisst du?

_____

3. Wohin reiten wir?

_____

4. Der Bus steht dort.

_____

5. Wir laden den Freund ein.

_____

6. Ich lasse es zu Hause.

_____

7. Er trägt keinen Mantel.

_____

8. Ich trete ins Zimmer.

_____

9. Sie vergisst ihr Buch.

_____

10. Ihr bleibt hier.

_____

11. Er wirft den Ball ins Wasser.

_____

12. Wir vergleichen die Mädchen.

_____

13. Marie schreibt einen Brief.

_____

14. Das Auto fährt vorbei.

_____

15. Sie lügen nie.

_____

16. Die Jungen trinken Wasser.

_____

17. Das Kind bittet um Brot.

_____

18. Die Klasse beginnt um neun.

_____

19. Fritz springt ins Wasser.

_____

20. Wann kommst du?

_____

21. Siehst du das Auto?

_____

22. Paul ruft Brigitte an.

_____

23. Wir nehmen den Mantel ab.

_____

24. Ich schlafe lange.

_____

25. Er isst Brot.

_____

19 • Past tense of mixed verbs

The mixed verbs have a vowel change in the past tense. They have, however, the **-te** suffix, which is a characteristic of weak verbs.

mixed verbs

brennen	brannte	to burn
bringen	brachte	to bring
denken	dachte	to think
kennen	kannte	to know
nennen	nannte	to name
rennen	rannte	to run
senden	sandte	to send
wenden	wandte	to turn
wissen	wusste	to know

Exercise 42

Change the following verbs to the past tense.

1. Wir bringen das Buch.

   _____

2. Rennt ihr schnell?

   _____

3. Was denkst du?

   _____

4. Ich erkenne den Mann.

   _____

5. Er weiss nichts.

   _____

6. Senden Sie den Brief?

   _____

7. Herr Braun wendet sich an uns.

   _____

8. Kennst du die Frau?

   _____

9. Wie nennt man den See?

   _____

10. Die Bäume brennen nieder.

    _____

20 · Past tense of <u>haben</u>, <u>sein</u>, and <u>werden</u>

The past tense of the auxiliary verbs **haben, sein,** and **werden** is irregular.

	haben—to have	*sein—to be*	*werden—to become*
ich	hatte	war	wurde
du	hattest	warst	wurdest
er/sie/es	hatte	war	wurde
wir	hatten	waren	wurden
ihr	hattet	wart	wurdet
sie/Sie	hatten	waren	wurden

Exercise 43

Change the following verbs to the past tense.

1. Es wird dunkel.

_____

2. Wir sind hungrig.

_____

3. Ich habe Angst.

_____

4. Wir haben kein Haus.

_____

5. Bist du krank?

_____

6. Wir werden nervös.

_____

7. Habt ihr das Buch?

_____

8. Herr Braun wird krank.

_____

9. Du hast Angst.

_____

10. Seid ihr müde?

   _____

11. Die Kinder werden hungrig.

   _____

12. Ich bin nervös.

   _____

13. Die Familie ist nett.

   _____

14. Sie haben Zeit.

   _____

15. Ihr werdet müde.

   _____

21 · Past tense of modal auxiliaries

The past tense adds the -te suffix to the verb stem of modal auxiliaries. While the present tense is highly irregular, the past tense is not.

	dürfen—may	*können—can, be able*	*mögen—care to, like to*
ich	durfte	konnte	mochte
du	durftest	konntest	mochtest
er/sie/es	durfte	konnte	mochte
wir	durften	konnten	mochten
ihr	durftet	konntet	mochtet
sie/Sie	durften	konnten	mochten

	müssen—must	*sollen—supposed to*	*wollen—want*
ich	musste	sollte	wollte
du	musstest	solltest	wolltest
er/sie/es	musste	sollte	wollte
wir	mussten	sollten	wollten
ihr	musstet	solltet	wolltet
sie/Sie	mussten	sollten	wollten

Exercise 44

Change the following sentences to the past tense.

1. Ich will kommen.

_____

2. Wir müssen aufstehen.

_____

3. Er kann das nicht verstehen.

_____

4. Darfst du kommen?

_____

5. Margret soll schön sein.

_____

6. Möchtet ihr hier bleiben?

_____

7. Müllers wollen in Berlin wohnen.

_____

8. Die Kinder können noch spielen.

_____

9. Willst du uns besuchen?

_____

10. Ich darf nichts sagen.

_____

11. Herr Bohl, Sie sollen reich sein.

_____

12. Ich mag das Buch.

_____

13. Ich muss schlafen.

_____

14. Ihr sollt kommen.

_____

15. Ihr müsst viel schreiben.

_____

Review of part 3

Exercise 45

Change the following sentences to the present perfect tense and the past tense.

1. Er verkauft ein Buch.

   _____

2. Die Kinder schwimmen.

   _____

3. Kannst du laut sprechen?

   _____

4. Wir treffen uns um neun Uhr.

   _____

5. Habt ihr Hunger?

   _____

6. Der Vater kommt heute abend an.

   _____

7. Herr Wagner, machen Sie die Tür zu?

   _____

8. Ich bin müde.

   _____

9. Sie antworten laut.

   _____

10. Du besuchst die Universität.

    _____

11. Das Boot geht unter.

    _____

12. Wir werden krank.

    _____

13. Die Schule beginnt um neun Uhr.

    _____

14. Paul läuft ins Wasser.

_____

15. Ich verstehe das nicht.

_____

16. Möchtet ihr in die Stadt fahren?

_____

17. Kennst du den Mann?

_____

18. Sie laden das Mädchen ein.

_____

19. Bleibt ihr hier?

_____

20. Der Hund atmet nicht mehr.

_____

Exercise 46

Change the following sentences to the past tense.

1. Er muss es machen.

_____

2. Wir fliegen über London.

_____

3. Hörst du das?

_____

4. Das Auto fährt vorbei.

_____

5. Sollen wir ins Haus gehen?

_____

6. Gehst du ins Haus?

_____

7. Ich lese den Roman.

_____

8. Die Mutter spricht viel.

_____

9. Wir rufen die Eltern an.

_____

10. Was empfehlen Sie im Restaurant?

_____

11. Die Blume wächst gut.

_____

12. Der Kuchen schmeckt gut.

_____

13. Die Familie trinkt Wein.

_____

14. Wir wohnen in Berlin.

_____

15. Ich finde das Buch.

_____

16. Weisst du das?

_____

17. Die Maus beisst.

_____

18. Das Baby schläft ein.

_____

19. Was kostet das?

_____

20. Die Kinder sitzen auf der Bank.

_____

21. Er stellt den Freund vor.

_____

22. Paul und Luise verlieren das Geld.

_____

23. Wir warten auf dich.

_____

24. Der Herr singt schön.

_____

25. Sie feiern Geburtstag.

_____

26. Sucht er das Geld?

_____

27. Ich esse das Brot.

_____

28. Er steigt ins Auto ein.

_____

29. Was tust du?

_____

30. Will er das?

_____

31. Es wird kalt.

_____

32. Wir bringen es hin.

_____

33. Ihr holt das Auto ab.

_____

Exercise 47

Change the following paragraph to the past tense.

Mutter, meine Schwester, and ich wollen in die Stadt fahren. Das Auto ist kaputt. Der Motor muss repariert werden. Daher fahren wir mit dem Zug in die Stadt. Meine Schwester zieht sich langsam an und kämmt sich das Haar zu lange. Wir kommen fast zu spät am Bahnhof an. Wir laufen schnell zum Zug. Meine Mutter atmet ganz laut. Im Zug finden wir einen guten Platz am Fenster. Es ist ein schöner Tag. Die Sonne scheint. In den Gärten blühen die Blumen. Die Bauern arbeiten auf dem Feld. Dort spielen Kinder. In zwanzig Minuten kommen wir in der Stadt an. Schnell steigen wir aus. Zuerst gehen wir in ein grosses Kaufhaus. Meine Schwester hält die Tür auf und wir treten ein. Meine Mutter will einen Hut kaufen. Sie sieht sich einige Hüte an. Der rote passt ihr gut. Die Verkäuferin packt ihn ein und

Mutter bezahlt. Dann suchen wir einen Mantel für mich. Der blaue Mantel der an der Tür hängt gefällt mir gut. Ich probiere ihn an, und er steht mir prima. Meine Schwester will auch einen neuen Mantel. Sie begreift nicht, dass ihr Mantel noch gut aussieht. Mutter verspricht ihr nächstes Jahr einen neuen Mantel zu kaufen. Die Zeit vergeht so schnell and wir müssen etwas essen. Der Verkäufer empfiehlt uns ein gutes Restaurant. Viele Leute sitzen schon im Restaurant und trinken und essen. Wir haben alle grossen Hunger. Der Kellner kommt und bietet uns die Speisekarte an. Wir entscheiden uns schnell und bestellen das Essen. Beim Essen besprechen wir unsere Einkäufe. Natürlich haben wir wieder viel Geld ausgegeben. Vater verdient aber gut und freut sich wenn wir nett aussehen. Es ist Zeit heimzufahren. Unterwegs spricht meine Schwester nicht viel. Sie denkt wohl an ihren Mantel.

_____

_____

_____

_____

_____

_____

_____

_____

_____

_____

_____

_____

_____

_____

_____

_____

_____

_____

_____

_____

Perfect Tenses, Reflexive and Impersonal Verbs, Infinitive Constructions, and Passive Voice

22 • Past perfect tense

Use of tense

The past perfect tense is used to show events that happened before other past events.

Er ging nach Hause, denn er <u>hatte</u> das Geld <u>vergessen</u>.	He went home, for he had forgotten the money.

Formation of tense

The past perfect is formed in the same manner as the present perfect—auxiliary verb plus past participle. However, the past perfect uses the past tense of the auxiliary verbs **haben** or **sein**. Here is a conjugation of past perfect with verbs that take haben:

Ich <u>hatte</u> ein Buch gekauft.	I had bought a book.
Du <u>hattest</u> ein Buch gekauft.	
Er/sie/es <u>hatte</u> ein Buch gekauft.	
Wir <u>hatten</u> ein Buch gekauft.	
Ihr <u>hattet</u> ein Buch gekauft.	
Sie/Sie <u>hatten</u> ein Buch gekauft.	

Here is a conjugation of past perfect with verbs that take **sein**:

Ich <u>war</u> gekommen.   I had come.
Du <u>warst</u> gekommen.
Er/sie/es <u>war</u> gekommen.
Wir <u>waren</u> gekommen.
Ihr <u>wart</u> gekommen.
Sie/Sie <u>waren</u> gekommen.

Exercise 48

Supply the correct auxiliary verb in the past perfect tense.

1. Ich _____ zu viel gegessen.

2. Georg _____ eine Karte geschrieben.

3. Wie lange _____ du geschlafen?

4. Wir _____ sofort gekommen.

5. Schneiders _____ nach Berlin gefahren.

6. Ihr _____ lange gewartet.

7. Sie (sing.) _____ auf viel Geld gehofft.

8. Das Boot _____ untergegangen.

9. Du _____ recht gehabt.

10. Ich _____ lange krank gewesen.

Exercise 49

Change the following sentences to the past perfect.

1. Sie werfen den Ball.

   _____

2. Ich kaufe ein Auto.

   _____

3. Er bestellt eine Tasse Kaffee.

   _____

4. Du hast Glück.

   _____

5. Wir packen den Hut aus.

_____

6. Herr Schmidt, wie lange sprechen Sie?

_____

7. Ich werde nervös.

_____

8. Der Ball fällt ins Wasser.

_____

9. Es gibt Wein.

_____

10. Das Kind trinkt ein Glas Milch.

_____

11. Mein Freund ist hier.

_____

12. Sie reiten vors Haus.

_____

13. Er nimmt den Hut ab.

_____

14. Ihr steckt das Geld ein.

_____

15. Wann besuchst du den Onkel?

_____

23 · Future perfect tense

Use of tense

As in English, the future perfect tense is rarely used in German. When it is used, it is very often employed to express presumption.

> Er <u>wird</u> nach Hause <u>gegangen</u> sein.   He has probably gone home.

Formation of tense

The future perfect is formed with the past participle and the future tense of the auxiliary verb (**er wird haben, er wird sein**). Note the position of the auxiliary verb.

Ich werde gelernt haben.　　　　　　I will have learned (I have probably learned, studied).
Du wirst gelernt haben.
Er/sie/es wird gelernt haben.
Wir werden gegangen sein.　　　　　We will have gone (we have probably gone).
Ihr werdet gegangen sein.
Sie/Sie werden gegangen sein.

Exercise 50

Insert the future perfect auxiliary verb in the following sentences.

1. Er _____ in die Schule gegangen _____.

2. Wir _____ den Lehrer gefragt _____.

3. Ich _____ den Vater besucht _____.

4. Müllers _____ nach Berlin gefahren _____.

5. Mutter _____ das Kind gewaschen _____.

6. Ihr _____ viel Geld gehabt _____.

7. Du _____ den Mann gekannt _____.

8. Paul und Luise _____ im See geschwommen _____.

9. Er _____ krank gewesen _____.

10. Du _____ mir das Buch gebracht _____.

Exercise 51

Change the following sentences to the future perfect tense.

1. Wir öffnen die Tür.

   _____

2. Sie schreibt einen Brief.

   _____

3. Ich habe es vergessen.

   _____

4. Du arbeitest lange.

_____

5. Ihr kauft es morgen.

_____

6. Wir wissen es schon.

_____

7. Sie verlieren es immer.

_____

8. Frau Weiss fragt oft.

_____

9. Sie ist krank.

_____

10. Sie laufen schnell.

_____

11. Wir machen einen Spaziergang.

_____

12. Er begegnet ihm oft.

_____

13. Ich habe das Buch.

_____

14. Müllers bleiben in Berlin.

_____

15. Die Klasse beginnt um neun Uhr.

_____

24 · Reflexive verbs

Use of the reflexive

When the subject reflects or reacts upon itself, a reflexive verb is used. German uses the reflexive form more frequently than English. As in English, the same verb may be reflexive or non-reflexive, depending on its use. **Die Mutter wäscht sich.** Here subject and object are the same person, thus making the verb reflexive. **Die Mutter wäscht das Kind.** Here subject and object are two different persons; therefore, the verb is non-reflexive.

Formation of reflexive construction

To make the reflexive construction, personal pronouns are placed directly after the inflected verb. For the first and second person singular and plural, the accusative and sometimes the dative forms of the personal pronouns are used.

Ich wasche <u>mich</u>.	I wash myself.
Ich helfe <u>mir</u>.	I help myself.
Du wäscht <u>dich</u>.	Du hilfst <u>dir</u>.
Wir waschen <u>uns</u>.	Wir helfen <u>uns</u>.
Ihr wascht <u>euch</u>.	Ihr helft <u>euch</u>.

For the third person singular and plural and the formal **Sie, sich** is used.

Er/sie/es wäscht sich.	Er/sie/es hilft sich.
Sie/Sie waschen sich.	Sie/Sie helfen sich.

Perfect tenses of reflexive verbs

All reflexive verbs use **haben** as the auxiliary verb when forming the present perfect, past perfect, and future perfect tenses.

Ich habe <u>mich</u> gewaschen.	Wir haben <u>uns</u> setzen müssen.
Du <u>hattest</u> dir geholfen.	

common reflexive verbs that use the accusative pronoun
sich amüsieren—to have a good time
sich anziehen—to dress oneself
sich ärgern—to be provoked
sich ausruhen—to rest
sich ausziehen—to undress oneself
sich bedanken bei[1]—to thank a person
sich bedanken für—to thank for something

---

1. Note that some reflexives require a special preposition.

sich beeilen—to hurry

sich benehmen—to behave oneself

sich bewegen—to move

sich bücken—to stoop

sich entschuldigen—to excuse oneself

sich erinnern an—to remember

sich erkälten—to catch a cold

sich festhalten—to hold on

sich freuen—to be glad

sich freuen auf—to look forward with pleasure to

sich freuen über—to be happy about

sich gewöhnen an—to get used to

sich interessieren für—to be interested in

sich kämmen—to comb oneself

sich legen—to lie down

sich schämen—to be ashamed

sich setzen—to sit down

sich vorstellen—to introduce oneself

sich waschen—to wash oneself

common reflexive verbs that use the dative pronoun

sich denken (einbilden)—to imagine

sich helfen—to help oneself

sich leisten—to afford

sich schaden—to harm oneself

sich schmeicheln—to flatter oneself

sich weh tun—to hurt oneself

Use of the dative with personal interest

The dative pronouns are also used when the reflexive construction is to show personal interest. I build myself a house (meaning: I build it for "myself"): **Ich baue _mir_ ein Haus.**

Ich kaufe mir ein Auto.	I buy myself a car.
Er bestellt sich ein Stück Kuchen.	He orders himself a piece of cake.

Reflexive commands

A pronoun must also be used after the reflexive verb in the command form.

Setzen Sie sich!—Sit down!   Tuen Sie sich nicht weh!—Don't hurt yourself!
Setz dich!   Tue dir nicht weh!
Setzt euch!   Tut euch nicht weh!
Setzen wir uns!   Tuen wir uns nicht weh!

Exercise 52

Rewrite the following sentences using the correct personal pronoun for the subject provided.

Ich amüsiere mich.   Du _____

                            Er _____

                            Wir _____

                            Ihr _____

                            Paul und Fritz _____

Du schmeichelst dir nicht.   Frau Schmidt _____

                            Wir _____

                            Ich _____

                            Ihr _____

                            Müllers _____

Exercise 53

Complete the following sentences with the correct form of the verb and pronoun.

1. (sich freuen) Ich _____ auf morgen.

2. (sich vorstellen) Er _____.

3. (sich helfen können) Du _____.

4. (sich entschuldigen) Marie _____.

5. (sich beeilen) Wir _____.

6. (sich kaufen) Ich _____ ein Auto.

7. (sich bewegen) Das Auto _____.

8. (sich ausziehen) _____ ihr _____ die Jacken _____?

9. (sich interessieren) Schmidts _____ für Musik.

10. (sich leisten können) Ich _____ das Auto _____.

Exercise 54

Change the following statements to commands.

1. Du wäscht dich.

   _____

2. Ihr setzt euch.

   _____

3. Sie helfen sich.

   _____

4. Du nimmst dir ein Stück Brot.

   _____

5. Wir beeilen uns.

   _____

6. Du setzt dich.

   _____

7. Du denkst dir das.

   _____

8. Ihr kämmt euch.

   _____

9. Du tust dir nicht weh.

   _____

10. Sie erkälten sich nicht.

   _____

Exercise 55

Change the following sentences to the present perfect tense.

1. Ich kaufe mir einen Mantel.

   _____

2. Paul setzt sich auf die Couch.

   _____

3. Wir stellen uns das vor.

   _____

4. Marie bildet sich immer viel ein.

_____

5. Die Tür öffnet sich.

_____

6. Ich kann mich nicht an das Wetter gewöhnen.

_____

7. Wir bedanken uns bei der Mutter.

_____

8. Ich bedanke mich für die Blumen.

_____

9. Das Kind benimmt sich immer gut.

_____

10. Ihr entschuldigt euch beim Vater.

_____

25 · Impersonal verbs

As in English, many verbs are used impersonally in German. The subject of impersonal verbs is **es**.

> **common impersonal verbs describing weather**
> es blitzt—it's lightning
> es donnert—it's thundering
> es friert—it's freezing
> es regnet—it's raining
> es schneit—it's snowing
>
> **common impersonal verbs that take the dative**
> Es gefällt mir.—I like it.
> Es geht mir gut (or schlecht).—I am fine (or not well).
> Wie geht es Ihnen?—How are you?
> Es gelingt mir.—I am successful.
> Wann ist es geschehen?—When did it happen?
> Es geschieht mir recht.—It serves me right.

Es scheint mir.—It seems to me.

Es tut mir leid.—I am sorry.

Es gibt or es ist, es sind

Es gibt (there is) or **es gab** (there was) followed by the accusative is used in a general sense:

Es gibt heute keine Zeitung.   There is no paper today.

Es gibt viele Männer in dieser Stadt.   There are many men in this town.

Es ist (there is) or **es sind** (there are) followed by the nominative is more specific and definite:

Es sind nur zwei Zeitungen auf   There are only two papers on the table.
    dem Tisch.

Es war ein Mann im Zimmer.   There was one man in the room.

Exercise 56

Translate into German.

1. How are you, Paul?

   _____

2. I am fine.

   _____

3. How are you, Mr. Brown?

   _____

4. I like it.

   _____

5. There are three trees in the garden. (im Garten)

   _____

6. He is successful.

   _____

7. She is sorry.

   _____

8. It isn't lightning.

   _____

9. We are sorry.

_____

10. There are no cars on the moon. (auf dem Mond)

_____

26 · Infinitive constructions

Verbal nouns

All infinitives can be used as neuter nouns.

Das <u>Schwimmen</u> ist hier gefährlich.	Swimming is dangerous here.
Das <u>Arbeiten</u> gefällt ihm nicht.	He doesn't like the work.

Double infinitives with modals

Sequences like **kaufen wollen** and **setzen dürfen** are called double infinitives. The double infinitive is always placed at the end of the clause—with the modal being the last element. Note that **zu** is not used in a double infinitive construction. Double infinitives are only used with the perfect and future tenses.

present perfect	Ich habe das Auto kaufen wollen.	I wanted to buy the car.
past perfect	Ich hatte das Auto kaufen wollen.	
future	Ich werde das Auto kaufen wollen.	
future perfect	Ich werde das Auto haben kaufen wollen.	

Double infinitives with <u>lassen</u>, <u>helfen</u>, <u>sehen</u>, etc.

The double infinitive sequence may also be used with the following verbs. Like the modals, these verbs are also the last element in a double infinitive construction, and **zu** is not used.

fühlen—to feel
heissen—to be called, named to, commanded to
helfen—to help
hören—to hear

lassen—to let, leave
lehren—to teach
lernen—to learn
sehen—to see

present perfect	Ich habe das Kind gehen lassen.
past perfect	Ich hatte das Auto kommen sehen.
future	Ich werde Deutsch sprechen lernen.
future perfect	Ich werde die Musik haben[2] spielen hören.

Infinitives without <u>zu</u>

Even when not part of a double infinitive construction, some infinitives still do not take **zu**.

    1. after verbs of perception, such as **fühlen, hören,** and **sehen:**

Ich sehe die Kinder tanzen.	I see the children dance.
Hörst du die Musik spielen?	Do you hear the music play?

    2. after the verbs **fahren, gehen,** and **kommen:**

Wir gehen heute schwimmen.	We are going swimming today.
Er kommt Ball spielen.	He comes to play ball.

Infinitives with or without <u>zu</u>

After the verbs **helfen, lehren,** and **lernen,** the infinitive can be used with or without **zu.** If the phrase is long, **zu** should be used.

Ich lerne schwimmen.	I learn to swim.
Ich finde es schwer schwimmen zu lernen.	I find it hard to learn to swim.

Infinitives with <u>zu</u>

In combination with most other verbs, **zu** is used with the infinitive.

Wir haben nichts zu tun.	We have nothing to do.
Sie vergisst immer, den Hund zu füttern.	She always forgets to feed the dog.

---

2. Note the position of **haben.**

When the infinitive has a separable prefix, **zu** is placed between the prefix and the verb.

Er versucht, die Tür auf<u>zu</u>machen.

Prepositions and infinitives

The prepositions **anstatt—statt** (*instead*), **ohne** (*without*), and **um** (*in order to*) can be followed by an infinitive with **zu**.

<u>Anstatt</u> nach Hause <u>zu</u> <u>gehen</u>, ging er in den Park.	Instead of going home, he went to the park.
<u>Ohne</u> sein Buch <u>mitzunehmen</u>, ging er in die Schule.	Without taking his book, he went to school.
<u>Um</u> gut Deutsch <u>zu</u> <u>sprechen</u>, muss man viel lernen.	In order to speak German well, one has to learn a lot.

Infinitives and commands

Sometimes the infinitive is used to give a sharp command.

Schlafen!—Sleep!
Still sein!—Be quiet!
Aufstehen!—Get up!

Exercise 57

Restate the following expressions in English.

1. Sie hat Angst zu sprechen. _____

2. Gerade stehen!_____

3. Anstatt schlafen zu gehen, las er das Buch. _____

4. Wir versprechen vorbeizukommen. _____

5. Aufhören! _____

6. Das Reiten gefällt ihm. _____

7. Um in die Stadt zu kommen, muss man über den Fluss fahren. _____
_____

8. Mutter hat gut kochen können. _____

9. Ohne etwas zu sagen, verliess er das Haus. _____

10. Das Stehlen ist verboten. _____

Exercise 58

Change the following sentences to the present perfect and the future tenses.

1. Er sieht das Auto kommen.

   _____

2. Ohne etwas zu sagen, geht er nach Hause.

   _____

3. Er will nichts sagen.

   _____

4. Ich muss das Buch lesen.

   _____

5. Sie lehrt uns Englisch sprechen.

   _____

6. Um ihn zu sehen, muss man gut aufpassen.

   _____

7. Ihr heisst den Hund sitzen.

   _____

8. Du kannst gut Deutsch sprechen.

   _____

9. Frau Meier lässt sich ein Kleid machen.

   _____

10. Er sieht den Mann kommen.

    _____

11. Warum willst du nichts sagen?

    _____

12. Wir helfen der Mutter die Blumen pflanzen.

    _____

13. Wir hören ihn rufen.

    _____

14. Anstatt in die Schule zu gehen, fahren wir zum Onkel.

_____

15. Ich darf es nicht essen.

_____

27 · The passive voice

Formation of the passive voice

In German, the passive is usually formed by combining the auxiliary verb **werden** and the past participle of a verb.

Er <u>wird</u> gefragt.	He is being asked.
Wir <u>werden</u> gelobt.	We are being praised.

In the perfect tenses (present perfect, past perfect, and future perfect) **worden** is used instead of **geworden** along with a form of **sein**.

present perfect	Er ist gefragt worden.	He has been asked.
past perfect	Wir waren gelobt worden.	We had been praised.

When changing a sentence from the active to the passive, the direct object of the active sentence becomes the subject of the passive sentence.

active	Der Mann liest das Buch.	The man reads the book.
passive	Das Buch wird von dem Mann gelesen.	The book is read by the man.

German also has a not-so-common passive formed with **sein** and the past participle of a verb. It emphasizes the state resulting from the action. It is formed the same way as the **werden** passive with a form of **sein** taking the place of **werden**. The **sein** passive is only used in the present and past tenses.

Das Essen ist gekocht.	The food (meal) is cooked.
Das Auto war gestern bezahlt.	The car was paid for yesterday.

Von or durch

The subject of the active voice (**der Mann**) becomes the agent in the passive (**von dem Mann**) and is governed by the preposition **von** if the agent is a person and usually by **durch** if the agent is an inanimate object. **Von** is followed by the dative; **durch** is followed by the accusative.

Das Auto wird von der Frau gekauft.	The car is bought by the woman.
Der Garten wurde durch das Auto zerstört.	The garden was destroyed by the car.

Conjugation of passive voice

present	Das Buch <u>wird</u> von dem Lehrer <u>gelesen</u>. The book is being read by the teacher.
present perfect	Das Buch <u>ist</u> von dem Lehrer <u>gelesen</u> worden.
past	Das Buch <u>wurde</u> von dem Lehrer <u>gelesen</u>.
past perfect	Das Buch <u>war</u> von dem Lehrer <u>gelesen</u> <u>worden</u>.
future	Das Buch <u>wird</u> von dem Lehrer <u>gelesen</u> <u>werden</u>.
future perfect	Das Buch <u>wird</u> von dem Lehrer <u>gelesen</u> <u>worden</u> <u>sein</u>.

Man as a substitute

The passive voice is used much less in German than in English. The perfect and future tenses especially are seldom used. Instead, **man** with the active voice is used.

passive	*active*
Es wurde uns gesagt.	<u>Man</u> sagte es uns.
It was told to us.	
Es wird viel Fleisch in Amerika gegessen.	<u>Man</u> isst viel Fleisch in Amerika.
A lot of meat is eaten in America.	

Passive with modal auxiliaries

A true passive voice is not used with modals. The infinitive following the modal is changed to the passive infinitive, which is a past participle plus **werden**. This gives the expression a passive sense.

active	*passive*
Ich kann das Auto <u>kaufen</u>.	Das Auto kann gekauft werden.
I can buy the car.	The car can be bought.

Wir sollten die Tür <u>schliessen</u>. Die Tür sollte von uns <u>geschlossen</u> <u>werden</u>.
We were supposed to close the door. The door was supposed to be closed by us.

Exercise 59

Change the following sentences to the past tense and the future tense of the passive.

1. Die Tür wird von uns geschlossen.

   _____

2. Das Buch wird von dem Lehrer gelesen.

   _____

3. Wir werden von dem Mann gesehen.

   _____

4. Das Wasser wird von dem Kind getrunken.

   _____

5. Ich werde von dem Freund vorgestellt.

   _____

6. Die Couch wird von der Familie gekauft.

   _____

7. Du wirst von dem Jungen gefangen.

   _____

8. Sie werden von dem Onkel eingeladen.

   _____

9. Ihr werdet von dem Mann gesehen.

   _____

10. Ich werde von der Mutter gerufen.

    _____

Exercise 60

Change the following sentences from the active to the passive.

1. Der Mann repariert das Auto.

   _____

2. Ich hole dich mit dem Auto ab. (von mir)

   _____

3. Wir bringen dem Hund das Fleisch.

_____

4. Mutter wird uns besuchen.

_____

5. Der Hund frisst das Fleisch.

_____

6. Luise schloss das Fenster.

_____

7. Müllers bauen das grosse Haus.

_____

8. Ich muss das Buch lesen.

_____

9. Paul soll den Hut auspacken.

_____

10. Das Baby sollte die Milch trinken.

_____

Exercise 61

Restate the following passive sentences using **man**.

Example: Das Buch wird mir gegeben.

                    Man gibt mir das Buch.

1. Das Museum wird um neun Uhr geschlossen.

_____

2. Das wurde mir versprochen.

_____

3. Uns wurde das Buch nicht gezeigt.

_____

4. Das Fenster wurde geöffnet.

_____

5. Es wird nichts gesagt werden.

_____

Review of part 4

Exercise 62

Change the verbs in the following sentences to present tense, present perfect tense, past perfect tense, and future perfect tense.

1. Der Vater ging nach Hause.

    _____

2. Wir besuchten das Museum.

    _____

3. Ich nahm den Ball mit.

    _____

4. Er ass das Brot.

    _____

5. Was sagtest du?

    _____

6. Herr Braun und Luise kauften nichts.

    _____

7. Sie studierten in Berlin.

    _____

8. Hattet ihr Angst?

    _____

9. Herr Braun sprach laut.

    _____

10. Ich gab ihr das Buch.

    _____

11. Wir kamen um neun Uhr an.

    _____

12. Wir durften das nicht.

    _____

13. Es wurde kalt.

_____

14. Er half dem Alten.

_____

15. Wo warteten sie?

_____

16. Das Mädchen tanzte lange.

_____

17. Die Kinder liefen ins Haus.

_____

18. Die Frau klingelte.

_____

19. Wir lernten viel.

_____

20. Ich wollte es.

_____

Exercise 63

Change the following sentences to the past tense.

1. Wir haben hier gewohnt.

_____

2. Sie haben den Film gesehen.

_____

3. Der Hund ist nicht ertrunken.

_____

4. Paul ist im Wasser geschwommen.

_____

5. Wir haben das schon gewusst.

_____

6. Sie haben gern befohlen.

_____

7. Mutter hat schön singen können.

_____

8. Das Kind hat kriechen wollen.

_____

9. Die Kinder haben den Ball gesucht.

_____

10. Sie hat die Blume abgebrochen.

_____

11. Das Kind hat den Ball gegriffen.

_____

12. Er hat immer das Buch verloren.

_____

13. Wir haben die Tür geöffnet.

_____

14. Das Haus hat gebrannt.

_____

15. Vater hat in der Stadt gearbeitet.

_____

Exercise 64

Change the following sentences from the passive to the active.

1. Das Auto wird jetzt von Müllers verkauft.

_____

2. Das Versprechen ist gebrochen worden. (Er)

_____

3. Das Buch wird vom Vater gelesen.

_____

4. Das Lied war gepfiffen worden. (Er)

_____

5. Die Blume wird von dem Kind gerochen.

_____

6. Wurde die Tür von dir geschlossen?

_____

7. Der Wagen ist geschoben worden. (Er)

_____

8. Das Wasser wird von mir getrunken werden.

_____

9. Der Hund wird von dem Kind gebadet.

_____

10. Die Blumen sind von den Eltern gepflanzt worden.

_____

Exercise 65

Complete the following sentences with the correct form of the verb and correct pronoun as necessary.

1. (sich waschen) Wir _____ nicht gern.
2. (sich interessieren) Er _____ für Musik.
3. (vorstellen) Müllers _____ den Onkel _____.
4. (sich vorstellen) Ich _____.
5. (zusammenbringen) Er _____ die Freunde _____.
6. (sich bewegen) Die Blume _____ im Wind.
7. (sich einbilden) Er _____ viel _____.
8. (schreien) Die Jungen _____ laut.
9. (sich benehmen) Das Kind _____ gut.
10. (verschlafen) Hast du wieder _____?

Part 5

The Subjunctive and Conditional Moods

28 • Formation of the subjunctive mood

Simple tenses

The endings of all subjunctive verbs (except **sein**) in the present and past tense are: -e, -est, -e, -en, -et, and -en.

present tense

	sagen	haben	sein
ich	sage	habe	sei
du	sagest	habest	seiest
er/sie/es	sage	habe	sei
wir	sagen	haben	seien
ihr	saget	habet	seiet
sie/Sie	sagen	haben	seien

All strong verbs that have an **a**, **u**, or **o** in the stem of the past tense take an umlaut in the subjunctive. This rule also applies to the mixed verbs **bringen**, **denken**, and **wissen** and all modal auxiliaries except **sollen** and **wollen**. The past subjunctive of weak verbs is the same as the past indicative.

past tense

	weak verbs	*strong verbs*	
	sagen	sprechen	gehen
ich	sagte	spräche	ginge
du	sagtest	sprächest	gingest

er/sie/es	sag<u>te</u>	sprä<u>che</u>	gin<u>ge</u>
wir	sag<u>ten</u>	sprä<u>chen</u>	gin<u>gen</u>
ihr	sag<u>tet</u>	sprä<u>chet</u>	gin<u>get</u>
sie/Sie	sag<u>ten</u>	sprä<u>chen</u>	gin<u>gen</u>

auxiliaries

	haben	sein	werden
ich	hät<u>te</u>	wär<u>e</u>	würd<u>e</u>
du	hät<u>test</u>	wär<u>est</u>	würd<u>est</u>
er/sie/es	hät<u>te</u>	wär<u>e</u>	würd<u>e</u>
wir	hät<u>ten</u>	wär<u>en</u>	würd<u>en</u>
ihr	hät<u>tet</u>	wär<u>et</u>	würd<u>et</u>
sie/Sie	hät<u>ten</u>	wär<u>en</u>	würd<u>en</u>

Compound tenses

When forming the present perfect, past perfect, future, or future perfect, only the auxiliaries **haben**, **sein**, or **werden** take the subjunctive form.

present perfect

weak verbs   *strong verbs*

ich hab<u>e</u> gesagt   ich hab<u>e</u> gesprochen   ich sei gegangen

du hab<u>est</u> gesagt   du hab<u>est</u> gesprochen   du sei<u>est</u> gegangen

auxiliaries

haben   sein   werden

ich hab<u>e</u> gehabt   ich sei gewesen   ich sei geworden

du hab<u>est</u> gehabt   du sei<u>est</u> gewesen   du sei<u>est</u> geworden

past perfect

weak verbs   *strong verbs*

ich hät<u>te</u> gesagt   ich hät<u>te</u> gesprochen   ich wär<u>e</u> gegangen

du hät<u>test</u> gesagt   du hät<u>test</u> gesprochen   du wär<u>est</u> gegangen

auxiliaries

haben   sein   werden

ich hät<u>te</u> gehabt   ich wär<u>e</u> gewesen   ich wär<u>e</u> geworden

du hät<u>test</u> gehabt   du wär<u>est</u> gewesen   du wär<u>est</u> geworden

future

weak verbs   strong verbs

ich werd<u>e</u> sagen   ich werd<u>e</u> sprechen   ich werd<u>e</u> gehen

du werd<u>est</u> sagen   du werd<u>est</u> sprechen   du werd<u>est</u> gehen

auxiliaries

haben   sein   werden

ich werd<u>e</u> haben   ich werd<u>e</u> sein   ich werd<u>e</u> werden

du werd<u>est</u> haben   du werd<u>est</u> sein   du werd<u>est</u> werden

future perfect

weak verbs   strong verbs

ich werd<u>e</u> gesagt haben   ich werd<u>e</u> gesprochen haben   ich werd<u>e</u> gegangen sein

du werd<u>est</u> gesagt haben   du werd<u>est</u> gesprochen haben   du werd<u>est</u> gegangen sein

auxiliaries

haben   sein   werden

ich werd<u>e</u> gehabt haben   ich werd<u>e</u> gewesen sein   ich werd<u>e</u> geworden sein

du werd<u>est</u> gehabt haben   du werd<u>est</u> gewesen sein   du werd<u>est</u> geworden sein

Exercise 66

Supply the proper form of the subjunctive in the present and past tenses.

1. (haben) ich _____

2. (kaufen) du _____

3. (sein) er _____

4. (nehmen) wir _____

5. (werden) ihr _____

6. (gehen) Sie _____

7. (singen) Paul _____

8. (besuchen) wir _____

9. (schlafen) ich _____

10. (wissen) du _____

Exercise 67

Supply the proper form of the subjunctive in the present perfect and the past perfect tenses.

1. (sagen) er _____
2. (trinken) ihr _____
3. (haben) Herr Müller _____
4. (sein) du _____
5. (verkaufen) wir _____
6. (bringen) ich _____
7. (kommen) Marie _____
8. (werden) ihr _____
9. (verstehen) Müllers _____
10. (schreiben) du _____

29 · Use of the subjunctive—expressing a wish

Use of the subjunctive

The subjunctive mood is rarely used in English. The use of the subjunctive is also declining in German, although it is still found frequently in literature. The indicative mood shows fact or reality. The subjunctive shows uncertainty, possibility, doubt, or wish.

Subjunctive in expressing a wish

The present subjunctive is usually used in stereotyped phrases to express a wish.

Gott segne dich!	May God bless you!
Dein Wille geschehe!	Thy will be done!
Lang lebe der Kaiser!	Long live the emperor!

The past subjunctive is used to express a wish whose fulfillment is improbable at the present time. It is usually accompanied by **nur** or **doch**.

Wäre sie nur gesund!	If only she were well!

Sänge er nur dieses Lied!	If only he sang this song!
Ach, dass er doch ginge!	If only he would go!

The past perfect subjunctive is used to express a wish whose fulfillment would have been desirable in the past. It is usually accompanied by **nur** or **doch**.

Wäre er nur gestern hier gewesen!	If only he had been here yesterday!
Hätte ich nur das Auto kaufen können!	If only I could have bought the car!

Exercise 68

Restate the following sentences in English.

1. Wäre es doch wärmer!

   _____

2. Gott sei Dank!

   _____

3. Hätte ich nur genug Geld gehabt!

   _____

4. Hätte ich dich nur gesehen!

   _____

5. Kämen sie nur bald!

   _____

6. Könnte ich nur besser lesen!

   _____

7. Schläfe er doch nur!

   _____

8. Wäre Paul nur hier!

   _____

9. Hätte er nur keine Angst!

   _____

10. Wären wir doch in den Zoo gegangen!

    _____

30 · Subjunctive after <u>als ob</u> or <u>als wenn</u>

Present

Als ob or **als wenn** clauses expressing an occurrence at the present time use the past subjunctive.

Sie sieht aus, als wenn sie gesund <u>wäre</u>.

She looks as if she were healthy.

Er tut, als ob er mich nicht hören <u>könnte</u>.

He acts as if he can't hear me.

Past

Als ob or **als wenn** clauses expressing an occurrence in the past use the past perfect subjunctive.

Sie sah aus, als wenn sie gesund <u>gewesen</u> <u>wäre</u>.

She looked as if she had been healthy.

Er tat, als wenn er mich nicht <u>gehört</u> <u>hätte</u>.

He acted as if he hadn't heard me.

Omission of <u>ob</u> or <u>wenn</u>

If **ob** or **wenn** is omitted, the finite verb is placed directly after **als**.

Sie sieht aus, als wäre sie gesund.
Er tat, als hätte er mich nicht gehört.

Exercise 69

Supply the correct form of the verbs indicated, placing the occurrence at the present time.

Example: Sie tut, als ob sie heute (kommen) _____.

Sie tut, als ob sie heute käme.

1. Er tut, als ob er Deutsch gut (verstehen) _____

_____

2. Er tut, als ob er die Klasse gern (haben) _____

_____

3. Das Kind sieht aus, als wenn es krank (sein) _____

_____

4. Die Mutter tut, als wenn ihre Kinder schön (sein) _____

_____

5. Es scheint, als wenn es heiss (werden) _____

_____

Exercise 70

Supply the correct form of the verbs indicated, placing the occurrence in the past.

Example: Sie tat, als wenn sie heute (kommen) _____

Sie tat, als wenn sie heute gekommen wäre.

1. Es schien, als wenn wir nie hier (sein) _____.
2. Die Mutter tat, als ob sie nichts zu essen (haben) _____.
3. Er tat, als ob er mich nicht (sehen) _____.
4. Er tut, als ob er krank (sein) _____.
5. Der Vater tat, als ob wir kein Geld (bekommen) _____.

Exercise 71

Restate the following sentences omitting **ob** or **wenn**.

1. Er tat, als ob er nichts getan hätte.

_____

2. Es sieht aus, als wenn es schön würde.

_____

3. Wir taten, als ob wir reich gewesen wären.

_____

4. Sie sah aus, als wenn sie früher schon gewesen ware.

_____

5. Er tut, als ob er zu mir liefe.

_____

31 · Conditional

Use of the conditional

Although the conditional is also found in literature, it is used most commonly in German speech. Instead of the conditional, the less common past and past perfect subjunctive could also be used.

present conditional	Er würde nicht kommen, wenn . . .
subjunctive	Er käme nicht, wenn . . .
	He wouldn't come, if . . .
past conditional	Das würde er nie getan haben.
subjunctive	Das hätte er nie getan.
	He never would have done this.

Formation of the conditional

The present conditional consists of the past subjunctive form of **werden** (**er würde**) and an infinitive.

Er würde bald kommen.   He would come soon.

conjugation of present conditional

	weak verbs	*strong verbs*	
	sagen	sprechen	gehen
ich	würde sagen	würde sprechen	würde gehen
	(I would say)	(I would speak)	(I would go)
du	würdest sagen	würdest sprechen	würdest gehen
er/sie/es	würde sagen	würde sprechen	würde gehen
wir	würden sagen	würden sprechen	würden gehen
ihr	würdet sagen	würdet sprechen	würdet gehen
sie/Sie	würden sagen	würden sprechen	würden gehen

	auxiliaries		
	haben	sein	werden
ich	würde haben	würde sein	würde werden
	(I would have)	(I would be)	(I would become)
du	würdest haben	würdest sein	würdest werden
er/sie/es	würde haben	würde sein	würde werden
wir	würden haben	würden sein	würden werden

ihr	würdet haben	würdet sein	würdet werden
sie/Sie	würden haben	würden sein	würden werden

The past conditional consists of the past subjunctive form of **werden** (**er würde**), a past participle, and **haben** or **sein**.

Er würde bald gekommen sein.	He would have come soon.

conjugation of past conditional

	weak verbs	*strong verbs*	
	sagen	sprechen	gehen
ich	würde gesagt haben	würde gesprochen haben	würde gegangen sein
du	würdest gesagt haben	würdest gesprochen haben	würdest gegangen sein
er/sie/es	würde gesagt haben	würde gesprochen haben	würde gegangen sein
wir	würden gesagt haben	würden gesprochen haben	würden gegangen sein
ihr	würdet gesagt haben	würdet gesprochen haben	würdet gegangen sein
sie/Sie	würden gesagt haben	würden gesprochen haben	würden gegangen sein

	auxiliaries		
	haben	sein	werden
ich	würde gehabt haben	würde gewesen sein	würde geworden sein
du	würdest gehabt haben	würdest gewesen sein	würdest geworden sein
er/sie/es	würde gehabt haben	würde gewesen sein	würde geworden sein
wir	würden gehabt haben	würden gewesen sein	würden geworden sein
ihr	würdet gehabt haben	würdet gewesen sein	würdet geworden sein
sie/Sie	würden gehabt haben	würden gewesen sein	würden geworden sein

Exercise 72

Supply the proper form of the conditional in the present and past tenses.

1. (finden) ich _____

2. (reiten) du _____

3. (zeigen) er _____

4. (haben) wir _____

5. (einpacken) Marie _____

6. (vergessen) er _____

7. (sein) Sie _____

8. (kaufen) wir _____

9. (fahren) die Kinder _____

10. (besuchen) ich _____

11. (werden) ihr _____

12. (denken) du _____

13. (wollen) Paul _____

14. (leihen) Brauns _____

15. (werfen) Die Kinder _____

32 • Unreal conditions (subjunctive or conditional)

There are two types of unreal conditions: present and past. Sentences with unreal conditions always consist of a subordinate clause with *if*, called the condition, and a main clause, called the conclusion.

condition	*conclusion*
If I had money,	I would buy this car.

Present

When the condition is unfulfilled at the present time, German uses the past subjunctive in both clauses or substitutes the present conditional in the conclusion.

> Wenn ich Geld hätte, kaufte ich das Auto. (past subjunctive)

or

> Wenn ich Geld hätte, würde ich das Auto kaufen. (present conditional)
> If I had money, I would buy the car.

> Wenn du hier wärest, suchte ich dich nicht. (past subjunctive)

or

> Wenn du hier wärest, würde ich dich nicht suchen. (present conditional)
> If you were here, I wouldn't look for you.

Past

When the condition was unfulfilled in the past, German uses the past perfect subjunctive in both clauses, or substitutes the past conditional in the conclusion.

> Wenn ich Geld gehabt hätte, hätte ich das Auto gekauft. (past perfect subjunctive)
> Wenn ich Geld gehabt hätte, würde ich das Auto gekauft haben. (past conditional)
> Wenn du hier gewesen wärest, hätte ich dich nicht gesucht. (past perfect subjunctive)
> Wenn du hier gewesen wärest, würde ich dich nicht gesucht haben. (past conditional)

The past conditional is seldom used in modern German.

Omission of wenn

If **wenn** is omitted, the finite verb of the condition stands first. The conclusion is then usually introduced by **so** or **dann**.

> Hätte ich Geld, dann würde ich das Auto kaufen.
> Wärest du hier gewesen, so hätte ich dich nicht gesucht.

Exercise 73

In the conclusion, substitute the present conditional for the past subjunctive.

Example: Wenn er jetzt käme, bliebe ich hier.

Wenn er jetzt käme, würde ich hier bleiben.

1. Wenn du mich gern hättest, besuchtest du mich.

   _____

2. Hätte der Junge Durst, dann tränke er das Wasser.

   _____

3. Ich kaufte es, wenn ich Geld hätte.

   _____

4. Wäre es uns kalt, dann gingen wir ins Haus.

   _____

5. Ich gäbe es dir, wenn ich es hätte.

   _____

6. Er lernte mehr, wenn der Lehrer mehr aufgäbe.

   _____

7. Wenn wir Zeit hätten, reisten wir nach Deutschland.

   _____

8. Der Film gefiele ihnen, wenn sie ihn sähen.

   _____

9. Wenn die Kinder still wären, könnte ich schlafen.

   _____

10. Paul käme sofort, wenn er wüsste, dass sie hier sind.

   _____

Exercise 74

In the conclusion, substitute the past conditional for the past subjunctive.

Example: Wenn er gekommen wäre, wäre ich hier geblieben.

   Wenn er gekommen wäre, würde ich hier geblieben sein.

1. Wenn er länger geschlafen hätte, wäre er zu spät gekommen.

   _____

2. Wenn du das Buch gelesen hättest, hättest du die Antwort gewusst.

   _____

3. Hätten wir die Milch getrunken, wären wir krank geworden.

   _____

4. Hätte ich mehr Zeit gehabt, wäre ich einkaufen gegangen.

   _____

5. Wenn ihr hier geblieben wäret, hättet ihr den Film gesehen.

   _____

6. Wenn wir nach Deutschland geflogen wären, wäre es viel schneller gegangen.

   _____

7. Hätte Frau Müller es nicht vergessen, dann hätte sie die Bananen gekauft.

   _____

8. Wenn sie uns besucht hätte, wären wir froh gewesen.

   _____

9. Wenn du mich angerufen hättest, hätte ich gewartet.

_____

10. Wenn er aufgepasst hätte, dann wäre er nicht ins Wasser gefallen.

_____

Exercise 75

Restate the following sentences as unreal conditions, present time, expressing the conclusion in two ways.

Example:　Er arbeitet schwer, er lernt viel.

　　　　　　Wenn er schwer arbeitete, lernte er viel/würde er viel lernen.

1. Das Auto ist kaputt, es fährt nicht.

_____

2. Vater hat Hunger, er isst das Brot.

_____

3. Es ist kalt, es schneit.

_____

4. Du schwimmst, du gehst nicht unter.

_____

5. Wir werden krank, wir sehen nicht gut aus.

_____

33 • Indirect discourse with the subjunctive and the indicative

When quoting indirectly what a person has said, thought, believed, or asked, indirect discourse is taking place.

Indirect discourse with the subjunctive

Indirect discourse is composed of a main clause and an object clause. When the verb in the main clause is in a past tense, the subjunctive is used in the object clause. The same tense is usually used in the indirect discourse as would be used in a direct statement.

main clause	*object clause*	
Ich sagte,	dass er Geld habe or hätte.	I said that he had money.
Er dachte,	dass wir hier seien or wären.	He thought that we were here.

However, when the subjunctive form is identical with the indicative form, a different tense of the subjunctive or the conditional is used.

1. The present subjunctive is replaced by the past subjunctive:
    Er sagte, dass ich nach Hause ginge.
instead of
    Er sagte, dass ich nach Hause gehe.

2. The future subjunctive is replaced by the present conditional:
    Er sagte, dass ich nach Hause gehen würde.
instead of
    Er sagte, dass ich nach Hause gehen werde.

3. The present perfect subjunctive is replaced by the past perfect subjunctive:
    Er sagte, dass ich das Auto gekauft hätte.
instead of
    Er sagte, dass ich das Auto gekauft habe.

Indirect discourse with the indicative

If the verb in the introductory clauses (main clause) is in the present tense, the indicative instead of the subjunctive is usually used in the object clause. The indicative is always used after **beweisen** (to prove), **sehen** (to see), **wissen** (to know), and phrases such as **es ist klar** (it is clear), **es ist nicht zu leugnen** (it can't be denied).

Ich sehe, dass du kommst.	I see that you are coming.
Du weisst, dass er krank ist.	You know that he is sick.

Exercise 76

Restate indirectly, beginning with **Er sagte, dass**.

Example: Er kommt gleich nach Hause.

        Er sagte, dass er gleich nach Hause käme.

1. Das Wetter ist schön.

   _____

2. Ich komme ins Haus.

   _____

3. Wir geben dem Vater das Geld.

   _____

4. Paul ist in die Stadt gefahren.

   _____

5. Sie werden ins Restaurant gehen.

   _____

6. Vater hat das Haus verkauft.

   _____

7. Er liest das Buch.

   _____

8. Wir ziehen nach München.

   _____

9. Frau Müller erwartet Besuch.

   _____

10. Ich werde es bezahlen.

   _____

Review of part 5

Exercise 77

Restate indirectly, beginning with **Ich weiss, dass**.

Example: Er ist in der Stadt.

          Ich weiss, dass er in der Stadt ist.

1. Ich habe Verspätung.

   _____

2. Fritz ist nett.

   _____

3. Müllers haben viel Geld.

   _____

4. Vater trinkt gern Kaffee.

   _____

5. Marie liebt Peter.

   _____

Exercise 78

Restate indirectly, beginning with **Es ist klar, dass**.

Example: Er ist begabt.

          Es ist klar, dass er begabt ist.

1. Wir haben recht.

   _____

2. Das Brot ist teuer.

   _____

3. Müllers können nicht kommen.

   _____

4. Ich arbeite zu viel.

_____

5. Herr Braun war krank.

_____

Exercise 79

Restate indirectly, beginning with **Er sieht, dass.**

Example: Ich bin müde.

   Er sieht, dass ich müde bin.

1. Paul kann gut Deutsch sprechen.

_____

2. Das Mädchen ist schön.

_____

3. Sie waren hier.

_____

4. Man muss schwer arbeiten.

_____

5. Sie mag ihn nicht.

_____

Appendix: Final Review

The exercises in this final review test your knowledge of what you have learned throughout this book. Also included are additional grammatical explanations with accompanying exercises.

Present tense—sein, haben, werden

Exercise 80

Supply the correct form of the verb and the necessary pronoun.

1. (sein) _____ du schon hier? Ja, _____ _____ schon hier.
2. (sein) Herr Braun, _____ _____ Amerikaner? Ja, _____ _____ Amerikaner.
3. (sein) _____ Hans und Luise intelligent? Ja, _____ _____ intelligent.
4. (sein) Hans und Luise, _____ ihr intelligent? Ja, _____ _____ intelligent.
5. (haben) _____ du Hunger? Ja, _____ _____ Hunger.
6. (haben) Frau Schmidt, _____ _____ Geld? Ja, _____ _____ Geld.
7. (haben) _____ Luise Geld?
8. (haben) Luise and Hans _____ viel Geld.
9. (werden) _____ du nervös? Ja, _____ _____ nervös.
10. (werden) Peter and Heinz, _____ ihr nervös? Ja, _____ _____ nervös.
11. (werden) Peter _____ nervös.
12. (werden) Herr Wolf, _____ _____ nervös? Ja, _____ _____ nervös.
13. (werden) Peter und Heinz _____ nervös.
14. (werden) Die Familie _____ nervös.
15. (werden) Frau Schmidt und Frau Braun _____ immer nervös.

Present tense verbs

Exercise 81

Supply the correct form of the verb given.

(1) Das Mädchen (heissen) _____ Anke. (2) Sie (wohnen) _____ in Norddeutschland. (3) Die Landschaft (sein) _____ da sehr flach. (4) Ab und zu (sehen) _____ man einen Hügel. (5) Ankes kleine Stadt (liegen) _____ an der Leine. (6) Ankes Familie (haben) _____ vier Kinder. (7) Anke (sein) _____ die älteste. (8) Sie (besuchen) _____ das Goethe Gymnasium. (9) Ihre Lieblingsfächer (sein) _____ Fremdspachen und Geschichte. (10) In der kleinen Stadt (geschehen) _____ nicht viel. (11) Anke (haben) _____ aber (12) viele Freunde so (finden) _____ sie das Leben gut und interessant. (13) Am Wochenende (schlafen) _____ sie lange. (14) Sie (helfen) _____ dann der Mutter im Haus, (15) (mähen) _____ manchmal den Rasen, (16) (füttern) _____ den Hund, (17) (waschen) _____ das Geschirr, (18) und (backen) _____ einen Kuchen. (19) In der Freizeit (treffen) _____ sich Anke mit ihren Freunden. (20) Sie (gehen) _____ dann oft ins Kino. (21) Am liebsten (sehen) _____ Anke Liebesfilme. (22) Dann (gehen) _____ die Freunde ins Café. (23) Anke (essen) _____ gerne Erdbeereis. (24) Der Vater (geben) _____ ihr Geld dafür. (25) Heute (nehmen) _____ sie auch ihre Schwester Anna mit, (26) die zwei Jahre jünger (sein) _____. (27) Die Mädchen (sehen) _____ einen Film und (28) (gehen) _____ dann ins 'Kehrein' Café. (29) Das Essen (schmecken) _____ sehr gut. (30) Sie (lachen) _____ und (31) (sprechen) _____ viel. Metta, (32) Ankes beste Freundin, (sprechen) _____ wieder am meisten. (33) Am Nebentisch (sitzen) _____ ein junger, blonder Mann mit seinen Freunden. (34) Er (aussehen) _____ gut _____, (35) (treten) _____ an den Tisch und (36) (ansprechen) _____ die Mädchen _____. (37) Er (lächeln) _____ höflich. (38) Anke (werden) _____ rot im Gesicht. (39) Der junge Mann (gefallen) _____ ihr sehr gut. (40) Er (sich setzen) _____ _____ und (41) (sich unterhalten) _____ _____ mit den Mädchen. (42) Ehe die Mädchen (gehen) _____ (43) (versprechen) _____ er Anke anzurufen. (44) (werden) _____ er es machen? (45) Anke (wünschen) _____ es sehr.

Mixed verbs, verbs ending with <u>-ieren</u>, and others in the present perfect tense

Exercise 82

Change the following sentences to the present perfect tense.

1. Er repariert das Motorrad.

   _____

2. Wir denken oft an euch.

   _____

3. Weisst du das nicht?

   _____

4. Der Lehrer kritisiert nur immer die Kinder.

   _____

5. Die Jungen rennen immer schneller und schneller.

   _____

6. Kennt ihr das schöne Mädchen?

   _____

7. Die Oma bringt wieder viele Geschenke.

   _____

8. Diese Firmen produzieren nur klares Glas.

   _____

9. Ich verkaufe das Auto nicht.

   _____

10. Das Feuer brennt nicht mehr.

    _____

11. Wie nennen die Eltern das Kind?

    _____

12. Gehst du Samstag ins Kino?

    _____

13. Wir senden das Paket wieder zu spät.

    _____

14. Herr Müller fotografiert das Boot und den See.

_____

15. Warum verlierst du immer deine Handschuhe?

_____

Verbs with separable and inseparable prefixes

Exercise 83

Change the following sentences to the present tense.

1. Ich habe mich immer für Geschenke bedankt.

_____

2. Das Kind ist gleich eingeschlafen.

_____

3. Sie haben die Antwort wieder vergessen.

_____

4. Wir haben nichts vorgehabt.

_____

5. Der Lehrer hat die Klassenarbeit zerrissen.

_____

6. Er hat die Tür zugemacht.

_____

7. Haben Müllers das Haus verkauft?

_____

8. Luise und Gretel haben sich höflich entschuldigt.

_____

9. Der Junge hat sie immer wieder angerufen.

_____

10. Die Eltern haben alles bezahlt.

_____

Present perfect in conversation

Exercise 84

Change the following sentences to the present perfect tense.

Petra: (1) Du, Ute, was machst du am Wochenende?

_____

Ute: (2) Tanja und ich besuchen meine Kusine in Hamburg.

_____

Petra: (3) Gefällt es euch dort gut?

_____

Ute: (4) Oh, ja, wir machen viel und sehen viel Neues.

_____

Petra: Was denn?

Ute: (5) Wir fahren an den Hafen und machen eine Hafenrundfahrt.

_____

Petra: Toll, sonst noch was?

Ute: Na, klar. (6) Meine Kusine zeigt uns auch die Altstadt. (7) Das ist sehr interessant.

_____

Petra: (8) Was geschieht am Sonnabend?

_____

Ute: (9) Am Samstagabend gehen wir in ein berühmtes Restaurant. (10) Ich esse eine Scholle.
(11) Tanja trinkt natürlich wie immer Cola.

_____

_____

Petra: Und Sonntag?

Ute: (12) Sonntag mieten wir ein Boot. (13) Wir paddeln auf der Elbe. (14) Niemand fällt ins Wasser.

_____

_____

Petra: (15) Ja, da habt ihr Glück.

_____

Past tense of modals in conversation

Exercise 85

Change the following conversation to the past tense:

Hans: (1) Was für Pläne hast du fürs Wochenende?

_____

Heino: (2) Ich will ein schönes Wochenende haben. (3) Mein Freund und ich wollen eine Radtour

machen. (4) Aber wir können das nicht tun.

_____

Hans: Warum nicht? (5) Was ist los?

_____

Heino: (6) Meine Mutter wird krank und ich muss auf meine kleinen Geschwister aufpassen.

_____

Hans: (7) Was musst du denn alles tun?

_____

Heino: (8) Ich muss das Frühstück vorbereiten. (9) Meine jüngere Schwester muss den Tisch abräu-

men. (10) Sie kann das gut machen. (11) Nach dem Essen dürfen die Kleinen im Garten

spielen. (12) Mein Bruder will Ball spielen, die anderen auch.

_____

_____

Hans: (13) Geht das gut?

_____

Heino: Nicht so gut. (14) Nach einer Weile muss ich ihnen sagen, dass sie nicht so laut sein dürfen.

(15) Die Mutter ist doch krank. (16) Sie können Karten spielen oder ein Buch lesen. (17)

Ein Buch lesen mögen sie nicht. (18) Sie wollen Karten spielen. (19) Meine Schwester will

immer gewinnen.

_____

_____

_____

Hans: Und dann? (20) Wie geht es dann?

_____

Heino: (21) Ich muss im Haus arbeiten. (22) Meine Mutter sagt ich soll die Küche aufräumen und das Mittagessen kochen. (23) Die Arbeit will kein Ende nehmen. (24) Am Abend will ich nicht mehr Rad fahren; ich will nur ins Bett gehen. (25) Am nächsten Morgen darf ich aber lange schlafen.

_____

_____

Hans: (26) Ja, das ist ein schweres Wochenende. (27) Es ist schade, dass du keine Radtour machen kannst.

_____

Past tense verbs—storytelling

Exercise 86

Grandpa describes the past. Give the correct form of the verb in the past tense.

1. Als ich ein junger Mann (sein) _____ (wohnen) _____ ich in Sachsen, ausserhalb von Dresden.

2. Es (sein) _____ ein schönes Dorf.

3. Ich (sein) _____ der jüngste von drei Brüdern.

4. Wir (besuchen) _____ die Dorfschule.

5. In der Schule (dürfen, sprechen) _____ wir nicht _____ wenn wir (wollen) _____.

6. Wir (müssen, heben) _____ erst die Hand _____.

7. Wenn der Lehrer ins Zimmer (kommen) _____, (müssen, aufstehen) _____ wir _____.

8. Ich (lernen) _____ gut.

9. Am liebsten (lesen) _____ ich Bücher—Abenteuerbücher.

10. In der Pause (essen) _____ wir unser Pausebrot, dann (spielen) _____ wir.

11. Wir (werfen) _____ den Ball hin und her.

12. Manchmal (verlieren) _____ wir den Ball.

13. Die Kleinen (verstecken sich) _____ _____ gern.

14. Die grossen Mädchen (stehen) _____ zusammen und (sprechen) _____ viel.

15. Manchmal (gehen) _____ sie über die Strasse und (kaufen) _____ sich ein Eis.

16. Ich (haben) _____ kein Geld dafür.

17. Nach der Schule (müssen, helfen) _____ wir zu Hause _____.

18. Ich (füttern) _____ den Hund und die Katzen.

19. Die Katzen (trinken) _____ gern Milch.

20. Meine Brüder (arbeiten) _____ mit meinem Vater im Stall.

21. Manchmal (fahren) _____ sie noch aufs Feld.

22. Im Winter (musizieren) _____ wir oft abends.

23. Meine Mutter (singen) _____ sehr schön.

24. Mein ältester Bruder (spielen) _____ Klavier.

25. Ja, das Leben (sein) _____ schön.

Past perfect—past events

Exercise 87

A student tells about the events of the summer before school started. Complete the sentences in the past perfect beginning with **Ehe die Ferien zu Ende waren.**

Example: wir—zehnmal schwimmen gehen.

   Ehe die Ferien zu Ende waren, waren wir zehnmal schwimmen gegangen.

1. ich—acht Bücher lesen _____

2. meine Familie—in die Alpen reisen _____

3. meine Freundin und ich—essen viel Eis _____

4. meine Eltern alleine—nach Berlin fahren _____

5. mein Bruder—eine Radtour machen _____

6. die Grosseltern—uns besuchen _____

7. Herr Schmidt—das Nachbarhaus verkaufen _____

8. ich—einen kleinen Job haben _____

9. meine Mutter—viel im Garten arbeiten _____

10. meine Geschwister—oft im Park spielen _____

Future perfect tense—expressing presumption

Exercise 88

Answer the following questions using the future perfect tense with the cues given.

Example: Wo ist die Mutter?—in die Stadt fahren

Sie wird in die Stadt gefahren sein.

1. Wo sind die Kinder?—in den Park gehen _____

2. Warum ist er nicht hier?—zu Hause bleiben _____

3. Wo ist mein Geld?—du zu Hause lassen _____

4. Warum ist er krank?—zu viel essen _____

5. Warum hat das Kind eine schlechte Note?—die Hausaufgaben nicht machen _____

_____

6. Warum weint das Kind?—nicht genug schlafen _____

7. Wie ist die Katze herausgelaufen?—Hans die Tür aufmachen _____

_____

8. Wo sind die Kinder?—sich verstecken _____

9. Warum ist der Junge so schmutzig?—sich nicht waschen _____

10. Warum weint die Kleine?—kein Geschenke bekommen _____

Infinitive clauses with and without <u>zu</u>

Exercise 89

Answer the questions with the given phrases.

Example: Was ist leicht?

Es ist leicht, morgens im Bett zu bleiben.

Was macht Spass?

1. Deutsch lernen _____

2. mit den Freunden telefonieren _____

3. im Park spazierengehen _____

4. ein Konzert besuchen _____

5. neues Essen probieren _____

Was hat er vor?

6. Arbeit bekommen _____

7. in Stuttgart wohnen _____

8. in einem Jahr zurückkommen _____

9. viel Deutsch sprechen _____

10. ein Millionär sein _____

Was ist langweilig?

11. in die Schule gehen _____

12. das Zimmer aufräumen _____

13. Onkel August besuchen _____

14. zu Hause sitzen _____

15. immer Kopfschmerzen haben _____

Was hast du gestern tun müssen?

16. mein Zimmer aufräumen _____

17. den Rasen mähen _____

18. das Geschirr spülen _____

19. einen Brief schreiben _____

20. früh ins Bett gehen _____

Use of <u>würden</u> to express wishes

ich würde	wir würden
du würdest	ihr würdet
er/sie/es würde	sie/Sie würden

Use a form of **würden** followed by **gern, lieber,** or **am liebsten** and an infinitive to express wishes.

Ich würde gern neue Kleidung haben.	I would like to have new clothes.
Ich würde lieber ein neues Auto haben.	I would rather have a new car.
Ich würde am liebsten ein neues Haus haben.	I would like most of all to have a new house.

Exercise 90

Form wishes with the cues given.

1. er gern nach Deutschland fliegen _____

2. Luise lieber in die Schweiz fahren _____

3. Die Kinder gern Ball spielen _____

4. Müllers am liebsten ins Konzert gehen _____

5. Wir gern frische Erdbeeren essen _____

6. Ihr gern eine Radtour machen? _____

7. ich am liebsten in Österreich wohnen _____

8. der Bruder am liebsten alles essen _____

9. Tante Emma lieber ein neues Kleid kaufen _____

10. die Geschwister gern schwimmen gehen _____

Giving advice or making suggestions

A form of **würden** and an infinitive are used when giving advice or making suggestions politely.

> Ich würde nicht so viel essen.   I wouldn't eat so much.

Exercise 91

Make polite suggestions with the cues given.

Example: (Jeans anziehen) Ich würde Jeans anziehen.

1. (eine warme Jacke anziehen) _____

2. (das rote Auto kaufen) _____

3. (zu Hause bleiben) _____

4. (an den Bodensee fahren) _____

5. (ins Kino gehen) _____

Making polite requests

To make polite requests use a form of **hätten, dürften, könnten, wären,** or **würden** and the infinitive.

> Könnte ich das Buch haben?   Could I have the book?
> Dürfte ich mit dir sprechen?   May I be allowed to speak with you?

Exercise 92

Make polite requests with the cues given.

Example: das Buch haben können. Könnte ich das Buch haben?

1. telefonieren dürfen? _____
2. Sie, die Tür aufhalten? (werden) _____
3. du, auf die Kinder aufpassen? (werden) _____
4. Sie, etwas Geld leihen können? _____
5. mit mir ausgehen? (werden) _____
6. hier parken dürfen? _____
7. du, auf mich warten können? _____
8. Sie, mir einen Brief schreiben? (werden) _____
9. mich besuchen? (werden) _____
10. mit mir ins Kino gehen? (können) _____

Expressing possibility

Use a form of **könnten** to express possibilities.

Wir könnten nach Deutschland fliegen.	We could fly to Germany.
Du könntest mit dem Bus fahren.	You could travel by bus.

Exercise 93

Your friends ask for advice, and you give them possible ideas as to what to do. Make sentences with the cues given.

Example: Was kann ich der Mutter schenken? Pulli kaufen.

Du könntest ihr/der Mutter einen Pulli kaufen.

Was kann ich nur am Wochenende tun? Es ist alles so langweilig.

1. ins Kino gehen _____
2. eine Radtour machen _____
3. Freunde besuchen _____
4. schwimmen gehen _____

Wir haben viel Geld auf der Bank. Was können wir damit tun?

5. nach Italien fahren _____

6. nach den Staaten fliegen _____

7. ein Häuschen an der See kaufen _____

8. mir geben _____

Die Kinder haben heute schulfrei. Was können sie tun?

9. in den Park gehen _____

10. die Oma besuchen _____

Hypotheses—unreal conditions

When making a hypothetical statement by stating an unreal condition, a form of **hätten** instead of **haben würden** or a form of **wären** instead of **sein würden** is used. This shortens a phrase. The meaning is the same.

> Wenn ich Geld haben würde, würde ich nach Deutschland fliegen.
> If I had money, I would fly to Germany.
> Wenn ich Geld hätte, würde ich nach Deutschland fliegen.

> Wenn sie gesund sein würde, würde sie hier sein.
> If she were healthy, she would be here.
> Wenn sie gesund wäre, würde sie hier sein.

Exercise 94

Answer the following questions with the cues given.

Example: Was würde Paul tun, wenn er mehr Freizeit hätte? (Klavier lernen)

Wenn Paul mehr Freizeit hätte, würde er Klavier lernen.

1. Was würdest du essen, wenn du in Deutschland wärst? (Schwarzwälder Tortc)

_____

2. Was würde die Mutter tun, wenn die Tante hier wäre? (Kaffee trinken)

_____

3. Was würde Peter tun, wenn er viel Geld hätte? (neues Auto kaufen)

   _____

4. Was würden deine Eltern tun, wenn dein Bruder eine schlechte Note hätte?

   (mit ihm ernst sprechen) _____

   _____

5. Was würden die Kinder tun, wenn sie Ferien hätten? (ins Schwimmbad gehen)

   _____

6. Was würdet ihr tun, wenn ihr Millionär wärt? (in der Schweiz ein Ferienhaus kaufen)

   _____

7. Wohin würde Peter fahren, wenn er reich wäre? (in den Orient)

   _____

8. Wohin würden Müllers gehen, wenn sie Karten hätten? (Theater)

   _____

9. Was würdest du tun, wenn du gesund wärst? (Sport machen)

   _____

10. Was würden wir tun wenn es nicht so kalt wäre? (draussen sitzen)

   _____

Ordering food or shopping

A form of **hätten** along with **gern** is used when ordering in a restaurant or shopping.

   Ich hätte gern eine Tasse Kaffee, bitte.   I'd like a cup of coffee, please.

Exercise 95

Answer the following questions with the cues given.

Example: Was hättest du gern? (Wienerschnitzel)

   Ich hätte gern ein Wienerschnitzel.

1. Was hätten Sie gern? (Erdbeertorte) _____

2. Und er? (Schwarzwäldertorte) _____

3. Und Luise? (Apfelstrudel) _____

4. Und Frau Schmidt? (Vanilleeis) _____

5. Und ihr, Maria und Hans? (Schokoladeneis) _____

Modals with the passive

Exercise 96

Change the following sentences to the present passive.

Example: Die Schüler müssen die Hausaufgabe machen.

                Die Hausaufgabe muss von den Schülern gemacht werden.

1. Die Kinder können das Wasser trinken. _____

2. Die Brüder dürfen den Kuchen essen. _____

3. Du musst den Film sehen. _____

4. Ihr müsst den Brief schreiben. _____

5. Wir können die Gäste begrüssen. _____

Exercise 97

Change the following sentences to the past passive.

Example: Die Schüler mussten die Hausaufgabe machen.

                Die Hausaufgabe musste von den Schülern gemacht werden.

1. Die Schwester musste den Pulli waschen. _____

2. Der Chef konnte den Kuchen backen. _____

3. Der Lehrer sollte den Film zeigen. _____

4. Das Kind durfte das Geschenk nach Hause nehmen. _____

5. Wir mussten die Karten kaufen. _____

Reflexive verbs with accusative and dative pronouns

If the reflexive verb has a direct object, the reflexive pronoun must be dative. For example, if a reflexive verb is used with a part of the body, the reflexive pronoun must be in the dative.

        Ich wasche <u>mich</u>. (no direct object)
        Ich wasche <u>mir</u> die Hände. (<u>Die Hände</u> is the direct object.)

Exercise 98

Make sentences with the following groups of words.

1. Er/waschen

   _____

2. Ich/kämmen/die Haare

   _____

3. Du/putzen/die Zähne?

   _____

4. Du/haben gebrochen/das Bein?

   _____

5. Er/rasieren

   _____

6. Ich/anziehen/schnell

   _____

7. Sie/waschen/den Pulli

   _____

8. Er/haben verletzt/das Knie

   _____

9. Wir/waschen/sechsmal am Tag/die Hände

   _____

10. Du/anziehen/die gelben Socken?

    _____

Answer Key

When there is more than one possible answer, the alternate answer is given in parentheses.

Exercise 1

ich höre, du hörst, Sie hören, er hört, wir hören, ihr hört, Marie hört, die Kinder hören; ich bade, du badest, Herr Braun badet, sie badet, ihr badet, Hans und Peter baden; ich sitze, du sitzt, sie sitzt, wir sitzen, ihr sitzt, Sie sitzen

Exercise 2

ich baue, du baust, wir bauen, ihr baut; sie fragen, er fragt, ihr fragt; du machst, Sie machen, Luise macht; wir reisen, ihr reist, du reist; ich klingle, Paul klingelt, Paul und Hans klingeln; du wartest, wir warten, ihr wartet; es kostet

Exercise 3

1. Er beantwortet das. 2. Ja, ich beantworte das. 3. Ja, ich klingle. 4. Ja, wir klingeln. 5. Paul und Udo lachen. 6. Ja, ich rauche. 7. Ja, wir tanzen gut. 8. Du sitzt hier. 9. Ja, wir sind heute gesund. 10. Ja, ich spiele Klavier. 11. Ja, Brigitte und Hans (sie) fehlen. 12. Ja, Brigitte (sie) sucht etwas. 13. Das Bild hängt hier. 14. Ja, er probiert das Eis. 15. Ja, Bruno und Ilse (sie) wohnen in Bonn. 16. Du pflanzt Rosen. 17. Du heisst Fritz. 18. Eine Rose kostet EUR 2. 19. Du wartest auf Post. 20. Ich lächle oft.

Exercise 4

1. Ich werde 2. Er hat 3. Ich bin 4. Wir haben 5. Luise wird 6. Er ist 7. Ihr seid 8. Ich habe 9. Werden Paul und Luise 10. Der Kaffee wird

Exercise 5

ich esse, du isst, er isst, ihr esst; wir sehen, du siehst, Luise sieht, Sie sehen; du schläfst, Paul schläft, ihr schlaft, sie schlafen; ich nehme, wir nehmen, du nimmst, er nimmt, Herr Braun und Herr Schmidt nehmen

Exercise 6

er wirft, ich spreche, Luise vergisst, du sprichst, wir vergessen, ihr tragt, der Baum wächst, du lässt, ich wasche, Paul empfängt, du siehst, Sie empfangen, er läuft, ich nehme, es geschieht, ihr nehmt, er fährt, du nimmst, Herr Braun hilft, Marie stiehlt

Exercise 7

ich stehe auf, Hans steht auf; du kaufst ein, wir kaufen ein; Sie rufen an, ihr ruft an; Paul und Walter ziehen um, Luise zieht um; ich denke nach, er denkt nach

Exercise 8

1. Paul holt Luise ab. (Luise holt Paul ab.) 2. Marie tritt ins Zimmer ein. 3. Das Auto eilt dem Haus entgegen. 4. Wir haben nichts vor. 5. Du nimmst das Brot mit. 6. Ich mache die Tür zu. 7. Du lässt den Hund herein. 8. Paul und Hans kommen heute an. 9. Sie geben das Buch zurück. 10. Ihr passt immer auf.

Exercise 9

1. Ja, ich rufe Paul an. 2. Ja, wir gehen morgen einkaufen. 3. Ja, ich fahre (wir fahren) nach Berlin zurück. 4. Ja, wir bringen das Kind mit. 5. Ja, Herr Braun (er) schaut das Buch an. 6. Ja, ich höre gut zu. 7. Ja, das Boot geht unter. 8. Ja, die Kinder (sie) machen die Tür zu. 9. Ich ziehe (die) Jeans an. 10. Ja, ich stelle Peter vor.

Exercise 10

ich muss, er muss, wir müssen, ihr müsst; du sollst, Luise soll, Sie sollen, wir sollen; ich darf, du darfst, Paul und Luise dürfen, Herr Braun darf; du kannst, wir können, ihr könnt; ich will, er will, wir wollen; ich mag (ich möchte), ihr mögt (ihr möchtet)

Exercise 11

1. Er muss ins Haus gehen. 2. Sie will ein Buch kaufen. 3. Wir sollen still sein. 4. Ich will mit dem Auto fahren. 5. Ihr könnt Deutsch sprechen. 6. Herr Braun, Sie können ein Buch haben. 7. Er möchte (mag) das Buch lesen. 8. Du darfst jetzt nach Hause gehen. 9. Hans und Luise dürfen ins Wasser laufen. 10. Frau Schmidt soll im Garten arbeiten.

Exercise 12

1. er hat 2. du hast 3. Marie schlägt 4. ich bin 5. Sie sind 6. Herr Braun ist 7. du triffst 8. ihr nehmt 9. Paul und Luise werfen 10. er fällt 11. wir wohnen 12. ihr antwortet 13. du liest 14. Marie kauft 15. ich höre auf 16. er läuft 17. ihr wispert 18. er tritt 19. es fängt an 20. Marie gibt 21. die Kinder passen auf 22. der Vater befiehlt 23. ihr erwartet 24. wir feiern 25. es geschieht 26. das Mädchen lächelt 27. ihr redet 28. er lässt 29. ihr betet 30. du heisst 31. wir gehen unter 32. er trägt 33. ich gehe heim

Exercise 13

1. Ich laufe schnell. 2. Wir sind hier. 3. Kommt er? 4. Was sagt Gretel? 5. Wie heisst du? 6. Wir verkaufen Eis. 7. Sie stellen die Freunde vor. 8. Es hält gut. 9. Das Kind wäscht die Hände. 10. Hans trägt die Hefte. 11. Du bringst den Freund mit. 12. Was schlagen Sie vor? 13. Marie liest den Roman. 14. Wann kommt der Bus an? 15. Wir stehen auf. 16. Du siehst den Film. 17. Ihr seid hier. 18. Du bist hier. 19. Nimmst du den Ball mit? 20. Der Junge geht fort. 21. Du redest zu viel. 22. Was schlägst du vor? 23. Er badet den Hund. 24. Läufst du ins Wasser? 25. Arbeitet ihr lange?

Exercise 14

1. Ich muss gehen. 2. Sie dürfen im Garten spielen. 3. Er kann Englisch sprechen. 4. Du darfst das Buch vergessen, Paul. 5. Dürfen sie gehen? 6. Wir wollen zur Schule gehen. 7. Du sollst nicht stehlen, Marie. 8. Ich mag das Buch. 9. Das Kind kann schreiben. 10. Er möchte das Buch haben.

Exercise 15

1. Gehen Sie! Geh(e)! Geht! Gehen wir! 2. Helfen Sie! Hilf! Helft! Helfen wir! 3. Essen Sie! Iss! Esst! Essen wir! 4. Laufen Sie! Lauf(e)! Lauft! Laufen wir! 5. Nehmen Sie! Nimm! Nehmt! Nehmen wir! 6. Singen Sie! Sing(e)! Singt! Singen wir! 7. Schreien Sie! Schreie! Schreit! Schreien wir! 8. Werden Sie! Werde! Werdet! Werden wir! 9. Sehen Sie! Sieh! Seht! Sehen wir! 10. Seien Sie! Sei! Seid! Seien wir! 11. Haben Sie! Hab(e)! Habt! Haben wir!

Exercise 16

1. Pass gut auf! Passt gut auf! Passen wir gut auf! 2. Hab(e) keine Angst! Habt keine Angst! Haben wir keine Angst! 3. Fahr(e) bitte schnell! Fahrt bitte schnell! Fahren wir bitte schnell! 4. Gib es! Gebt es! Geben wir es! 5. Vergiss es nicht! Vergesst es nicht! Vergessen wir es nicht! 6. Sei vorsichtig! Seid vorsichtig! Seien wir vorsichtig! 7. Triff Hans morgen! Trefft Hans morgen! Treffen wir Hans morgen! 8. Sprich laut! Sprecht laut! Sprechen wir laut! 9. Wart(e), bitte! Wartet, bitte! Warten wir, bitte! 10. Werde nicht nervös! Werdet nicht nervös! Werden wir nicht nervös!

Exercise 17

1. Paul, iss das Brot! 2. Frau Braun, antworten Sie! 3. Essen wir das Brot! 4. Paul und Hans, antwortet! 5. Luise, sei still! 6. Gehen wir! 7. Paul und Fritz, sagt nichts! 8. Frau Schmidt und Frau Meier, packen Sie das Geschenk aus! 9. Paul, hol(e) das Auto ab! 10. Professor Schmidt, rufen Sie laut!

Exercise 18

1. Er wird nach Hause gehen. 2. Er wird krank werden. 3. Ich werde das dürfen. 4. Herr Braun wird später kommen. 5. Wir werden im See schwimmen. 6. Sie werden Hunger haben. 7. Wirst du die Zeitung lesen? 8. Wir werden hier sein. 9. Werdet ihr den Vater abholen? 10. Sie werden in die Stadt fahren.

Exercise 19

1. Du wirst warten. 2. Herr Braun wird ein Haus kaufen. 3. Kommen Sie morgen? 4. Die Klasse wird in fünf Minuten anfangen. 5. Wir werden nicht gehen. 6. Sie werden mit dem Bus fahren. 7. Paul und Hans werden das Buch holen. 8. Du wirst nervös werden. 9. Ich werde schnell kommen. 10. Marie wird lange schlafen.

Exercise 20

1. Er hat viel gemacht. 2. Die Kinder haben nicht gelernt. 3. Das Mädchen hat laut gelacht. 4. Ich habe nichts gehört. 5. Paul und Fritz haben hier gewohnt. 6. Der Mann hat viel gekauft. 7. Die Mädchen haben lange getanzt. 8. Du hast laut geantwortet. 9. Habt ihr laut geweint? 10. Wir haben laut geklopft.

Exercise 21

1. Er hat ein Haus gebaut. 2. Sie haben laut geatmet. 3. Die Jungen haben den Ball gesucht. 4. Wir haben nicht viel gewünscht. 5. Ich habe das Buch gezeigt. 6. Hast du jetzt gebadet? 7. Was hat Herr Braun gesagt? 8. Er hat lange gelebt. 9. Haben sie gefehlt? 10. Es hat nicht viel gekostet. 11. Habt ihr das gebraucht? 12. Wo haben Sie gearbeitet, Herr Schmidt? 13. Hast du das geglaubt? 14. Wir haben an der Tür gewartet. 15. Die Mutter hat das Kind geliebt.

Exercise 22

1. ist 2. sind 3. hat 4. bin 5. Seid 6. ist 7. ist 8. haben 9. ist 10. sind 11. sind 12. Bist 13. haben 14. bin 15. Hast

Exercise 23

1. ist gefallen 2. ist gewesen 3. hat gelesen 4. hat gefangen 5. hat gesungen 6. hat gegessen 7. ist gewachsen 8. hat gesehen 9. ist gestorben 10. hat gesprochen 11. hat getrunken 12. hat gesessen 13. ist geschwommen 14. ist gestiegen 15. hat getroffen 16. hat gegeben 17. ist geworden 18. hat geworfen 19. hat gebrochen 20. ist gefahren 21. hat geholfen 22. hat genommen 23. ist gesprungen 24. ist geblieben 25. ist gegangen

Exercise 24

1. gebissen 2. geflogen 3. gesehen 4. gegeben 5. geholfen 6. geritten 7. gefallen 8. gefunden 9. gesprochen 10. gewaschen 11. geworfen 12. gefangen 13. gehalten 14. geschlossen 15. getroffen

Exercise 25

1. Du bist immer gut gewesen. 2. Ich bin ins Theater gegangen. 3. Die Familie ist nach Berlin gezogen. 4. Sie sind lange hier gewesen. 5. Wir sind in der Stadt geblieben. 6. Der Hund hat gebissen. 7. Er ist sofort gekommen. 8. Die Rose hat gut gerochen. 9. Er hat hier gesessen. 10. Wer ist dort geschwommen? 11. Hast du dem Bruder geholfen? 12. Das Kind ist müde geworden. 13. Wir haben das Kind gehalten. 14. Ich bin nach Hause gefahren. 15. Sie sind schnell gelaufen. 16. Er hat Deutsch gesprochen. 17. Habt ihr die Mutter gerufen? 18. Hast du Wasser getrunken? 19. Sie sind ins Wasser gesprungen. 20. Er hat sie dort getroffen. 21. Hast du das Buch getragen? 22. Wir haben das Buch gelesen. 23. Ich habe vor der Tür gestanden. 24. Die Kinder haben wieder gestritten. 25. Wir haben das Haus gefunden. 26. Der Junge hat laut gepfiffen. 27. Wir haben nicht gern geschwiegen. 28. Der Vater hat auf der Couch gelegen. 29. Ihr habt lange geschlafen. 30. Wir haben die Blumen gebunden. 31. Es ist gefroren. 32. Die Kinder haben laut geschrien. 33. Ich habe viel gelernt.

Exercise 26

1. Ich habe das Buch gebracht. 2. Das Haus hat gebrannt. 3. Wir haben oft daran gedacht. 4. Habt ihr das Paket gesandt? 5. Du bist schnell gerannt. 6. Er hat nichts gewusst. 7. Was habt ihr das Kind genannt? 8. Sie haben sich an uns gewandt. 9. Hast du das Mädchen gekannt? 10. Wir haben gewusst wer das ist.

Exercise 27

1. angerufen 2. aufgestanden 3. nachgelaufen 4. hinausgeworfen 5. zugemacht 6. umgezogen 7. untergegangen 8. abgeholt 9. hineingefallen 10. herausgerissen

Exercise 28

1. Ich habe das Buch mitgebracht. 2. Wann bist du heimgekommen? 3. Wir sind am Sonntag zurückgekehrt. 4. Die Klasse hat gut zugehört. 5. Die Schule ist niedergebrannt. 6. Die Familie ist am Samstag zusammengekommen. 7. Was habt ihr vorgehabt? 8. Wir haben das Heft mitgenommen. 9. Wen hast du hereingelassen? 10. Was hast du eingekauft? 11. Die Kinder haben nicht aufgepasst. 12. Ich bin immer um sieben Uhr aufgestanden. 13. Herr Braun hat nie nachgedacht. 14. Paul und Luise sind in den Wald hineingeritten. 15. Paul hat Luise vorgestellt.

Exercise 29

1. Er hat das Buch verloren. 2. Ich habe das nicht versprochen. 3. Wer hat hier regiert? 4. Wir haben nichts empfunden. 5. Habt ihr das Haus photographiert? 6. Die Mutter hat uns heute besucht. 7. Du hast EUR 5 gewonnen! 8. Ich habe das Brot vergessen. 9. Die Jungen sind ums Haus marschiert. 10. Die Klasse hat um zehn Uhr begonnen. 11. Wir haben das Haus verkauft. 12. Ich habe das Geschenk versteckt. 13. Du hast das Haus um zehn Uhr verlassen. 14. Der Lehrer hat die Hausarbeit verbessert. 15. Sie haben das Auto repariert.

Exercise 30

1. Did you know German? 2. I was allowed to buy the book. 3. She didn't want the bread. 4. We had to go home. 5. I liked the couch. 6. We had to learn a lot. 7. You were allowed to eat the apple. 8. Paul wanted to call up Fritz. 9. Did he have to go to school? 10. You weren't allowed to do that!

Exercise 31

1. Er hat es gut gekonnt. 2. Wir haben gut lesen können. 3. Ich habe nicht sprechen wollen. 4. Sie haben ins Haus gehen sollen. 5. Habt ihr diese Frau einladen wollen? 6. Paul und Luise haben das gemocht. 7. Ich habe das Buch gemocht. 8. Er hat es sofort gewollt. 9. Wir haben lange arbeiten müssen. 10. Haben Sie mein Auto gemocht?

Exercise 32

1. Sag(e) nichts! Sagt nichts! 2. Komm(e) her! Kommt her! 3. Kauf(e) das! Kauft das! 4. Schreib(e) den Brief! Schreibt den Brief! 5. Erwart(e) nichts! Erwartet nichts! 6. Spring(e) ins Wasser! Springt ins Wasser! 7. Leih(e) mir EUR 5! Leiht mir EUR 5! 8. Geh(e) ins Kino! Geht ins Kino! 9. Lies das! Lest das! 10. Hab(e) keine Angst! Habt keine Angst!

Exercise 33

1. Der Mann wird nach Hause gehen. 2. Morgen fahren wir in die Stadt. 3. Ich werde in Chicago wohnen. 4. Er wird ihr eine Blume geben. 5. Gehst du nächsten Sommer zur Schule? 6. Ihr werdet auf der Bank sitzen. 7. Wirst du etwas sagen können? 8. Ich werde müde sein. 9. Sie wird ein neues Auto haben. 10. Müllers werden ein Boot kaufen.

Exercise 34

1. Wir sind nach Chicago geflogen. 2. Hast du das schon gewusst? 3. Ich habe Deutsch gern gelernt. 4. Was habt ihr heute gemacht? 5. Haben Sie Deutsch verstehen können? 6. Das Kind hat den Ball geworfen. 7. Wir haben die Schule verlassen. 8. Ich habe das oft probiert. 9. Die Hunde sind ums Haus gerannt. 10. Du hast recht gehabt. 11. Die Klasse hat um neun Uhr begonnen. 12. Der Junge hat viel gekauft. 13. Wir haben die Familie gut gekannt. 14. Der Hund hat gebissen. 15. Die Frauen haben viel gesprochen. 16. Sie hat laut geantwortet. 17. Was hast du eingekauft? 18. Das Kind ist schnell gewachsen. 19. Was haben wir mitgenommen? 20. Ich habe das Buch geöffnet.

Exercise 35

1. Er hat das Mädchen angerufen. 2. Wir haben oft an dich gedacht. 3. Was haben sie gesagt? 4. Herr Braun ist über die Strasse gegangen. 5. Die Kinder haben in der Schule aufgepasst. 6. Luise hat im Wohnzimmer musiziert. 7. Bist du krank geworden? 8. Wie hat man diese Stadt genannt? 9. Ich habe immer mein Geld verloren. 10. Der Junge hat den Ball versteckt. 11. Sie sind ins Wasser gesprungen. 12. Du hast kommen müssen. 13. Ihr seid ins Auto gestiegen. 14. Die Klasse hat um zehn Uhr aufgehört. 15. Paul und Fritz haben nicht gern gebadet. 16. Ich habe im See schwimmen mögen. 17. Was habt ihr vorgehabt? 18. Sie haben das Papier zerrissen. 19. Er hat das sehr gemocht. 20. Ich habe laut schreien können.

Exercise 36

1. er weinte 2. sie tanzten 3. ich schaute 4. Sie rauchten 5. Paul suchte 6. wir redeten 7. sie dankte 8. du badetest

Exercise 37

Der Unterricht endete heute. Nach dem Unterricht reisten wir nach Berlin. Wir besuchten meinen Onkel. Mutter bezahlte die Karten und sagte: "Auf Wiedersehen." Meine kleine Schwester weinte heute nicht. Im Bus hörten wir Musik und redeten nicht viel. Der Mann neben uns rauchte. In Berlin suchten wir die Karten. Onkel Paul wartete schon. Er führte uns ins Restaurant und kaufte uns eine Tasse Kaffee. Er schmeckte sehr gut. Onkel Paul redete viel. Er baute ein neues Haus und zeigte es uns auf dem Wege nach Hause. Zu Hause öffnete die Tante die Tür und grüsste freundlich. Abends feierten wir Geburtstag.

Exercise 38

1. trank 2. sprach 3. lief 4. schwamm 5. kam 6. tat 7. vergass 8. ritt 9. schrieb 10. verlor 11. lag 12. sang 13. flog 14. lud ein 15. las 16. verliess 17. fiel 18. wusch 19. starb 20. gewann

Exercise 39

ich kam, du kamst, wir kamen, Paul kam, ihr kamt, Paul und Fritz kamen; ich flog, du flogst, er flog, Marie flog, Sie flogen, ihr flogt; ich schlug, du schlugst, wir schlugen, er schlug, Sie schlugen, sie schlugen; ich tat, wir taten

Exercise 40

1. hiess 2. warfst 3. ritt 4. stahlen 5. trugen 6. fingen 7. geschah 8. nahmt 9. biss 10. gaben 11. hing 12. fiel 13. schloss 14. pfiff 15. half 16. traft

Exercise 41

1. sprach 2. hiesst 3. ritten 4. stand 5. luden ein 6. liess 7. trug 8. trat 9. vergass 10. bliebt 11. warf 12. verglichen 13. schrieb 14. fuhr 15. logen 16. tranken 17. bat 18. begann 19. sprang 20. kamst 21. sahst 22. rief an 23. nahmen ab 24. schlief 25. ass

Exercise 42

1. brachten 2. ranntet 3. dachtest 4. erkannte 5. wusste 6. sandten 7. wandte 8. kanntest 9. nannte 10. brannten

Exercise 43

1. wurde 2. waren 3. hatte 4. hatten 5. warst 6. wurden 7. hattet 8. wurde 9. hattest 10. wart 11. wurden 12. war 13. war 14. hatten 15. wurdet

Exercise 44

1. Ich wollte kommen. 2. Wir mussten aufstehen. 3. Er konnte das nicht verstehen. 4. Durftest du kommen? 5. Margret sollte schön sein. 6. Mochtet ihr hier bleiben? 7. Müllers wollten in Berlin wohnen. 8. Die Kinder konnten noch spielen. 9. Wolltest du uns besuchen? 10. Ich durfte nichts sagen. 11. Herr Bohl, Sie sollten reich sein. 12. Ich mochte das Buch. 13. Ich musste schlafen. 14. Ihr solltet kommen. 15. Ihr musstet viel schreiben.

Exercise 45

1. Er hat ein Buch verkauft. Er verkaufte ein Buch. 2. Die Kinder sind geschwommen. Die Kinder schwammen. 3. Hast du laut sprechen können? Konntest du laut sprechen? 4. Wir haben uns um neun Uhr getroffen. Wir trafen uns um neun Uhr. 5. Habt ihr Hunger gehabt? Hattet ihr Hunger? 6. Der Vater ist heute abend angekommen. Der Vater kam heute abend an. 7. Herr Wagner, haben Sie die Tür zugemacht? Herr Wagner, machten Sie die Tür zu? 8. Ich bin müde gewesen. Ich war müde. 9. Sie haben laut geantwortet. Sie antworteten laut. 10. Du hast die Universität besucht. Du besuchtest die Universität. 11. Das Boot ist untergegangen. Das Boot ging unter. 12. Wir sind krank geworden. Wir wurden krank. 13. Die Schule hat um neun Uhr begonnen. Die Schule begann um neun Uhr. 14. Paul ist ins Wasser gelaufen. Paul lief ins Wasser. 15. Ich habe das nicht verstanden. Ich verstand das nicht. 16. Habt ihr in die Stadt fahren mögen? Mochtet ihr in die Stadt fahren? 17. Hast du den Mann gekannt? Kanntest du den Mann? 18. Sie haben das Mädchen eingeladen. Sie luden das Mädchen ein. 19. Seid ihr hier geblieben? Bliebt ihr hier? 20. Der Hund hat nicht mehr geatmet. Der Hund atmete nicht mehr.

Exercise 46

1. Er musste es machen. 2. Wir flogen über London. 3. Hörtest du das? 4. Das Auto fuhr vorbei. 5. Sollten wir ins Haus gehen? 6. Gingst du ins Haus? 7. Ich las den Roman. 8. Die Mutter sprach viel. 9. Wir riefen die Eltern an. 10. Was empfahlen Sie im Restaurant? 11. Die Blume wuchs gut. 12. Der Kuchen schmeckte gut. 13. Die Familie trank Wein. 14. Wir wohnten in Berlin. 15. Ich fand das Buch. 16. Wusstest du das? 17. Die Maus biss. 18. Das Baby schlief ein. 19. Was kostete das? 20. Die Kinder sassen auf der Bank. 21. Er stellte den Freund vor. 22. Paul und Luise verloren das Geld. 23. Wir warteten auf dich. 24. Der Herr sang schön. 25. Sie feierten Geburtstag. 26. Suchte er das Geld? 27. Ich ass das Brot. 28. Er stieg ins Auto ein. 29. Was tatst du? 30. Wollte er das? 31. Es wurde kalt. 32. Wir brachten es hin. 33. Ihr holtet das Auto ab.

Exercise 47

Mutter, meine Schwester, und ich wollten in die Stadt fahren. Das Auto war kaputt. Der Motor musste repariert werden. Daher fuhren wir mit dem Zug in die Stadt. Meine Schwester zog sich langsam an und kämmte sich das Haar zu lange. Wir kamen fast zu spät am Bahnhof an. Wir liefen schnell zum Zug. Meine Mutter atmete ganz laut. Im Zug fanden wir einen guten Platz am Fenster. Es war ein schöner Tag. Die Sonne schien. In den Gärten blühten die Blumen. Die Bauern arbeiteten auf dem Feld. Dort spielten Kinder. In zwanzig Minuten kamen wir in der Stadt an. Schnell stiegen wir aus. Zuerst gingen wir in ein grosses Kaufhaus. Meine Schwester hielt die Tür auf und wir traten ein. Meine Mutter wollte einen Hut kaufen. Sie sah sich einige Hüte an. Der rote passte ihr gut. Die Verkäuferin packte ihn ein und Mutter bezahlte. Dann suchten wir einen Mantel für mich. Der blaue Mantel der an der Tür hing gefiel mir gut. Ich probierte ihn an, und er stand mir prima. Meine Schwester wollte auch einen neuen Mantel. Sie begriff nicht, dass ihr Mantel noch gut aussah. Mutter versprach ihr nächstes Jahr einen neuen Mantel zu kaufen. Die Zeit verging so schnell und wir mussten etwas essen. Der Verkäufer empfahl uns ein gutes Restaurant. Viele Leute sassen schon im Restaurant und tranken und assen. Wir hatten alle grossen Hunger. Der Kellner kam und bat uns die Speisekarte an. Wir entschieden uns schnell und bestellten das Essen. Beim Essen besprachen wir unsere Einkäufe. Natürlich hatten wir wieder viel Geld ausgegeben. Vater verdiente aber gut und freute sich wenn wir nett aussahen. Es war Zeit heimzufahren. Unterwegs sprach meine Schwester nicht viel. Sie dachte wohl an ihren Mantel.

Exercise 48

1. hatte 2. hatte 3. hattest 4. waren 5. waren 6. hattet 7. hatte 8. war 9. hattest 10. war

Exercise 49

1. Sie hatten den Ball geworfen. 2. Ich hatte ein Auto gekauft. 3. Er hatte eine Tasse Kaffee bestellt. 4. Du hattest Glück gehabt. 5. Wir hatten den Hut ausgepackt. 6. Herr Schmidt, wie lange hatten Sie gesprochen? 7. Ich war nervös geworden. 8. Der Ball war ins Wasser gefallen. 9. Es hatte Wein gegeben. 10. Das Kind hatte ein Glas Milch getrunken. 11. Mein Freund war hier gewesen. 12. Sie waren vors Haus geritten. 13. Er hatte den Hut abgenommen. 14. Ihr hattet das Geld eingesteckt. 15. Wann hattest du den Onkel besucht?

Exercise 50

1. wird, sein 2. werden, haben 3. werde, haben 4. werden, sein 5. wird, haben 6. werdet, haben 7. wirst, haben 8. werden, sein 9. wird, sein 10. wirst, haben

Exercise 51

1. Wir werden die Tür geöffnet haben. 2. Sie wird einen Brief geschrieben haben. 3. Ich werde es vergessen haben. 4. Du wirst lange gearbeitet haben. 5. Ihr werdet es morgen gekauft haben. 6. Wir werden es schon gewusst haben. 7. Sie werden es immer verloren haben. 8. Frau Weiss wird oft gefragt haben. 9. Sie wird krank gewesen sein. 10. Sie werden schnell gelaufen sein. 11. Wir werden einen Spaziergang gemacht haben. 12. Er wird ihm oft begegnet sein. 13. Ich werde das Buch gehabt haben. 14. Müllers werden in Berlin geblieben sein. 15. Die Klasse wird um neun Uhr begonnen haben.

Exercise 52

Du amüsierst dich. Er amüsiert sich. Wir amüsieren uns. Ihr amüsiert euch. Paul und Fritz amüsieren sich. Frau Schmidt schmeichelt sich nicht. Wir schmeicheln uns nicht. Ich schmeichle mir nicht. Ihr schmeichelt euch nicht. Müllers schmeicheln sich nicht.

Exercise 53

1. freue mich 2. stellt sich vor 3. kannst dir helfen 4. entschuldigt sich 5. beeilen uns 6. kaufe mir 7. bewegt sich 8. Zieht ihr euch die Jacken aus? 9. interessieren sich 10. Ich kann mir das Auto leisten.

Exercise 54

1. Wasch(e) dich! 2. Setzt euch! 3. Helfen Sie sich! (Helft euch!) 4. Nimm dir ein Stück Brot! 5. Beeilen wir uns! 6. Setz(e) dich! 7. Denk(e) dir das! 8. Kämmt euch! 9. Tu(e) dir nicht weh! 10. Erkälten Sie sich nicht! (Erkältet euch nicht!)

Exercise 55

1. Ich habe mir einen Mantel gekauft. 2. Paul hat sich auf die Couch gesetzt. 3. Wir haben uns das vorgestellt. 4. Marie hat sich immer viel eingebildet. 5. Die Tür hat sich geöffnet. 6. Ich habe mich nicht an das Wetter gewöhnen können. 7. Wir haben uns bei der Mutter bedankt. 8. Ich habe mich für die Blumen bedankt. 9. Das Kind hat sich immer gut benommen. 10. Ihr habt euch beim Vater entschuldigt.

Exercise 56

1. Wie geht's (geht es) dir, Paul? 2. Es geht mir gut. 3. Wie geht es Ihnen, Herr Brown? 4. Es gefällt mir. 5. Es sind drei Bäume im Garten. 6. Es gelingt ihm. 7. Es tut ihr leid. 8. Es blitzt nicht. 9. Es tut uns leid. 10. Es gibt keine Autos auf dem Mond.

Exercise 57

1. She is afraid to speak. 2. Stand straight! 3. Instead of going to sleep, he read the book. 4. We promise to come by. 5. Stop! (Stop that!) 6. He likes the riding. 7. In order to get into the city, one has to (or you have to) go across the river. 8. Mother could cook well. 9. Without saying anything, he left the house. 10. Stealing is forbidden.

Exercise 58

1. Er hat das Auto kommen sehen. Er wird das Auto kommen sehen. 2. Ohne etwas zu sagen, ist er nach Hause gegangen. Ohne etwas zu sagen, wird er nach Hause gehen. 3. Er hat nichts sagen wollen. Er wird nichts sagen wollen. 4. Ich habe das Buch lesen müssen. Ich werde das Buch lesen müssen. 5. Sie hat uns Englisch sprechen lehren. Sie wird uns Englisch sprechen lehren. 6. Um ihn zu sehen, hat man gut aufpassen müssen. Um ihn zu sehen, wird man gut aufpassen müssen. 7. Ihr habt den Hund sitzen heissen. Ihr werdet den Hund sitzen heissen. 8. Du hast gut Deutsch sprechen können. Du wirst gut Deutsch sprechen können. 9. Frau Meier hat sich ein Kleid machen lassen. Frau Meier wird sich ein Kleid machen lassen. 10. Er hat den Mann kommen sehen. Er wird den Mann kommen sehen. 11. Warum hast du nichts sagen wollen? Warum wirst du nichts sagen wollen?

12. Wir haben der Mutter die Blumen pflanzen helfen. Wir werden der Mutter die Blumen pflanzen helfen. 13. Wir haben ihn rufen hören. Wir werden ihn rufen hören. 14. Anstatt in die Schule zu gehen, sind wir zum Onkel gefahren. Anstatt in die Schule zu gehen, werden wir zum Onkel fahren. 15. Ich habe es nicht essen dürfen. Ich werde es nicht essen dürfen.

Exercise 59

1. Die Tür wurde von uns geschlossen. Die Tür wird von uns geschlossen werden. 2. Das Buch wurde von dem Lehrer gelesen. Das Buch wird von dem Lehrer gelesen werden. 3. Wir wurden von dem Mann gesehen. Wir werden von dem Mann gesehen werden. 4. Das Wasser wurde von dem Kind getrunken. Das Wasser wird von dem Kind getrunken werden. 5. Ich wurde von dem Freund vorgestellt. Ich werde von dem Freund vorgestellt werden. 6. Die Couch wurde von der Familie gekauft. Die Couch wird von der Familie gekauft werden. 7. Du wurdest von dem Jungen gefangen. Du wirst von dem Jungen gefangen werden. 8. Sie wurden von dem Onkel eingeladen. Sie werden von dem Onkel eingeladen werden. 9. Ihr wurdet von dem Mann gesehen. Ihr werdet von dem Mann gesehen werden. 10. Ich wurde von der Mutter gerufen. Ich werde von der Mutter gerufen werden.

Exercise 60

1. Das Auto wird von dem Mann repariert. 2. Du wirst von mir mit dem Auto abgeholt. 3. Dem Hund wird von uns das Fleisch gebracht. 4. Wir werden von der Mutter besucht werden. 5. Das Fleisch wird von dem Hund gefressen. 6. Das Fenster wurde von Luise geschlossen. 7. Das grosse Haus wird von Müllers gebaut. 8. Das Buch muss von mir gelesen werden. 9. Der Hut soll von Paul ausgepackt werden. 10. Die Milch sollte vom Baby getrunken werden.

Exercise 61

1. Man schliesst das Museum um neun Uhr. 2. Man versprach mir das. 3. Man zeigte uns das Buch nicht. 4. Man öffnete das Fenster. 5. Man wird nichts sagen.

Exercise 62

1. geht, ist nach Hause gegangen, war nach Hause gegangen, wird nach Hause gegangen sein 2. besuchen, haben das Museum besucht, hatten das Museum besucht, werden das Museum besucht haben 3. nehme den Ball mit, habe den Ball mitgenommen, hatte den Ball mitgenommen, werde den Ball mitgenommen haben 4. isst, hat das Brot gegessen, hatte das Brot gegessen, wird das Brot gegessen haben 5. sagst, hast du gesagt, hattest du gesagt, wirst du gesagt haben 6. kaufen, haben nichts gekauft, hatten nichts gekauft, werden nichts gekauft haben 7. studieren, haben in Berlin studiert, hatten in Berlin studiert, werden in Berlin studiert haben 8. habt, habt ihr Angst gehabt, hattet ihr Angst gehabt, werdet ihr Angst gehabt haben 9. spricht, hat laut gesprochen, hatte laut gesprochen, wird laut gesprochen haben 10. gebe, habe ihr das Buch gegeben, hatte ihr das Buch gegeben, werde ihr das Buch gegeben haben 11. kommen um neun Uhr an, sind um neun Uhr angekommen, waren um neun Uhr angekommen, werden um neun Uhr angekommen sein 12. dürfen, haben das nicht gedurft, hatten das nicht gedurft, werden das nicht gedurft haben 13. wird, ist kalt geworden, war kalt geworden, wird kalt geworden sein 14. hilft, hat dem Alten geholfen, hatte dem Alten geholfen, wird dem Alten geholfen haben 15. warten, haben sie gewartet, hatten sie gewartet, werden sie gewartet haben 16. tanzt, hat lange getanzt, hatte lange getanzt, wird lange getanzt haben 17. laufen, sind ins Haus gelaufen, waren ins Haus gelaufen, werden ins Haus gelaufen sein 18. klingelt, hat geklingelt, hatte geklingelt, wird geklingelt haben 19. lernen, haben viel gelernt, hatten viel gelernt, werden viel gelernt haben 20. will, habe es gewollt, hatte es gewollt, werde es gewollt haben

Exercise 63

1. wohnten 2. sahen 3. ertrank 4. schwamm 5. wussten 6. befahlen 7. konnte schön singen 8. wollte kriechen 9. suchten 10. brach die Blume ab 11. griff 12. verlor 13. öffneten 14. brannte 15. arbeitete

Exercise 64

1. Müllers verkaufen jetzt das Auto. 2. Er hat das Versprechen gebrochen. 3. Der Vater liest das Buch. 4. Er hatte das Lied gepfiffen. 5. Das Kind riecht die Blume. 6. Schlosst du die Tür? 7. Er hat den Wagen geschoben. 8. Ich werde das Wasser trinken. 9. Das Kind badet den Hund. 10. Die Eltern haben die Blumen gepflanzt.

Exercise 65

1. waschen uns 2. interessiert sich 3. stellen den Onkel vor 4. stelle mich vor 5. bringt die Freunde zusammen 6. bewegt sich 7. bildet sich viel ein 8. schreien 9. benimmt sich 10. verschlafen

Exercise 66

1. habe, hätte 2. kaufest, kauftest 3. sei, wäre 4. nehmen, nähmen 5. werdet, würdet 6. gehen, gingen 7. singe, sänge 8. besuchen, besuchten 9. schlafe, schliefe 10. wissest, du wüsstest

Exercise 67

1. habe gesagt, hätte gesagt 2. habet getrunken, hättet getrunken 3. habe gehabt, hätte gehabt 4. seiest gewesen, wärest gewesen 5. haben verkauft, hätten verkauft 6. habe gebracht, hätte gebracht 7. sei gekommen, wäre gekommen 8. seiet geworden, wäret geworden 9. haben verstanden, hätten verstanden 10. habest geschrieben, hättest geschrieben

Exercise 68

1. If only it were warmer! 2. Thank God! 3. If only I had had enough money! 4. If only I had seen you! 5. If only they were coming soon! 6. If only I could read better! 7. If only he would sleep! 8. If only Paul were here! 9. If only he were not afraid! 10. If only we had gone to the zoo!

Exercise 69

1. verstände 2. hätte 3. wäre 4. wären 5. würde

Exercise 70

1. gewesen wären 2. gehabt hätte 3. gesehen hätte 4. gewesen wäre 5. bekommen hätten

Exercise 71

1. als hätte er nichts getan 2. als würde es schön 3. als wären wir reich gewesen 4. als wäre sie früher schön gewesen 5. als liefe er zu mir

Exercise 72

1. würde finden, würde gefunden haben 2. würdest reiten, würdest geritten sein 3. würde zeigen, würde gezeigt haben 4. würden haben, würden gehabt haben 5. würde einpacken, würde eingepackt haben 6. würde vergessen, würde vergessen haben 7. würden sein, würden gewesen sein 8. würden kaufen, würden gekauft haben 9. würden fahren, würden gefahren sein 10. würde besuchen, würde besucht haben 11. würdet werden, würdet geworden sein 12. würdest denken, würdest gedacht haben 13. würde wollen, würde gewollt haben 14. würden leihen, würden geliehen haben 15. würden werfen, würden geworfen haben

Exercise 73

1. würdest du mich besuchen 2. würde er das Wasser trinken 3. Ich würde es kaufen 4. würden wir ins Haus gehen 5. Ich würde es dir geben 6. Er würde mehr lernen 7. würden wir nach Deutschland reisen 8. Der Film würde ihnen gefallen 9. würde ich schlafen können 10. Paul würde sofort kommen

Exercise 74

1. würde er zu spät gekommen sein 2. würdest du die Antwort gewusst haben 3. würden wir krank geworden sein 4. würde ich einkaufen gegangen sein 5. würdet ihr den Film gesehen haben 6. würde es viel schneller gegangen sein 7. dann würde sie die Bananen gekauft haben 8. würden wir froh gewesen sein 9. würde ich gewartet haben 10. dann würde er nicht ins Wasser gefallen sein

Exercise 75

1. Wenn das Auto kaputt wäre, führe es nicht /würde es nicht fahren. 2. Wenn Vater Hunger hätte, äße er das Brot/würde er das Brot essen. 3. Wenn es kalt wäre, schneite es/würde es schneien. 4. Wenn du schwämmest, gingest du nicht unter/würdest du nicht untergehen. 5. Wenn wir krank würden, sähen wir nicht gut aus/würden wir nicht gut aussehen.

Exercise 76

1. das Wetter schön wäre (sei) 2. ich ins Haus käme 3. wir dem Vater das Geld gäben 4. Paul in die Stadt gefahren wäre (sei) 5. sie ins Restaurant gehen würden 6. Vater das Haus verkauft hätte (habe) 7. er das Buch läse 8. wir nach München zögen 9. Frau Müller Besuch erwarte 10. ich es bezahlen würde

Exercise 77

1. ich Verspätung habe 2. Fritz nett ist 3. Müllers viel Geld haben 4. Vater gern Kaffee trinkt 5. Marie Peter liebt

Exercise 78

1. wir recht haben 2. das Brot teuer ist 3. Müllers nicht kommen können 4. ich zu viel arbeite 5. Herr Braun krank war

Exercise 79

1. Paul gut Deutsch sprechen kann 2. das Mädchen schön ist 3. sie hier waren 4. man schwer arbeiten muss 5. sie ihn nicht mag

Exercise 80

1. Bist, ich bin 2. sind Sie, ich bin 3. Sind, sie sind 4. seid, wir sind 5. Hast, ich habe 6. haben Sie, ich habe 7. hat 8. haben 9. Wirst, ich werde 10. werdet, wir werden 11. wird 12. werden Sie, ich werde 13. werden 14. wird 15. werden

Exercise 81

1. heisst 2. wohnt 3. ist 4. sieht 5. liegt 6. hat 7. ist 8. besucht 9. sind 10. geschieht 11. hat 12. findet 13. schläft 14. hilft 15. mäht 16. füttert 17. wäscht 18. bäckt 19. trifft 20. gehen 21. sieht 22. gehen 23. isst 24. gibt 25. nimmt 26. ist 27. sehen 28. gehen 29. schmeckt 30. lachen 31. sprechen 32. spricht 33. sitzt 34. sieht gut aus 35. tritt 36. spricht die Mädchen an 37. lächelt 38. wird 39. gefällt 40. setzt sich 41. unterhält sich 42. gehen 43. verspricht 44. Wird 45. wünscht

Exercise 82

1. Er hat das Motorrad repariert. 2. Wir haben oft an euch gedacht. 3. Hast du das nicht gewusst? 4. Der Lehrer hat nur immer die Kinder kritisiert. 5. Die Jungen sind immer schneller und schneller gerannt. 6. Habt ihr das schöne Mädchen gekannt? 7. Die Oma hat wieder viele Geschenke gebracht. 8. Diese Firmen haben nur klares Glas produziert. 9. Ich habe das Auto nicht verkauft. 10. Das Feuer hat nicht mehr gebrannt. 11. Wie haben die Eltern das Kind genannt? 12. Bist du Samstag ins Kino gegangen? 13. Wir haben das Paket wieder zu spät gesandt. 14. Herr Müller hat das Boot und den See fotografiert. 15. Warum hast du immer deine Handschuhe verloren?

Exercise 83

1. Ich bedanke mich immer für Geschenke. 2. Das Kind schläft gleich ein. 3. Sie vergessen die Antwort wieder. 4. Wir haben nichts vor. 5. Der Lehrer zerreist die Klassenarbeit. 6. Er macht die Tür zu. 7. Verkaufen Müllers das Haus? 8. Luise und Gretel entschuldigen sich höflich. 9. Der Junge ruft sie immer wieder an. 10. Die Eltern bezahlen alles.

Exercise 84

1. Ute, was hast du am Wochenende gemacht? 2. Tanja und ich haben meine Kusine in Hamburg besucht. 3. Hat es euch dort gut gefallen? 4. Oh, ja, wir haben viel gemacht und haben viel Neues gesehen. 5. Wir sind an den Hafen gefahren und haben eine Hafenrundfahrt gemacht. 6. Meine Kusine hat uns die Altstadt gezeigt. 7. Das ist sehr interessant gewesen. 8. Was ist am Sonnabend geschehen? 9. Am Samstagabend sind wir in ein berühmtes Restaurant gegangen. 10. Ich habe eine Scholle gegessen. 11. Tanja hat natürlich wie immer Cola getrunken. 12. Sonntag haben wir ein Boot gemietet. 13. Wir sind auf der Elbe gepaddelt. 14. Niemand ist ins Wasser gefallen. 15. Ja, da habt ihr Glück gehabt.

Exercise 85

1. Was für Pläne hattest du fürs Wochenende? 2. Ich wollte ein schönes Wochenende haben. 3. Mein Freund und ich wollten eine Radtour machen. 4. Aber wir konnten das nicht tun. 5. Was war los? 6. Meine Mutter wurde krank und ich musste auf meine kleinen Geschwister aufpassen. 7. Was musstest du denn alles tun? 8. Ich musste das Frühstück vorbereiten. 9. Meine jüngere Schwester musste den Tisch abräumen. 10. Sie konnte das gut machen. 11. Nach dem Essen durften die Kleinen im Garten spielen. 12. Mein Bruder wollte Ball spielen, die anderen auch. 13. Ging das gut? 14. Nach einer Weile musste ich ihnen sagen, dass sie nicht so laut sein durften. 15. Die Mutter war doch krank. 16. Sie konnten Karten spielen oder ein Buch lesen. 17. Ein Buch lesen mochten sie nicht. 18. Sie wollten Karten spielen. 19. Meine Schwester wollte immer gewinnen. 20. Wie ging es dann? 21. Ich musste im Haus arbeiten. 22. Meine Mutter sagte ich sollte die Küche aufräumen und das Mittagessen kochen. 23. Die Arbeit wollte kein Ende nehmen. 24. Am Abend wollte ich nicht mehr Rad fahren; ich wollte nur ins Bett gehen. 25. Am nächsten Morgen durfte ich aber lange schlafen. 26. Ja, das war ein schweres Wochenende. 27. Es war schade, dass du keine Radtour machen konntest.

Exercise 86

1. war, wohnte 2. war 3. war 4. besuchten 5. durften, sprechen, wollten 6. mussten, heben 7. kam, mussten, aufstehen 8. lernte 9. las 10. assen, spielten 11. warfen 12. verloren 13. versteckten sich 14. standen, sprachen 15. gingen, kauften 16. hatte 17. mussten, helfen 18. fütterte 19. tranken 20. arbeiteten 21. fuhren 22. musizierten 23. sang 24. spielte 25. war

Exercise 87

1. hatte ich acht Bücher gelesen 2. war meine Familie in die Alpen gereist 3. hatten meine Freundin und ich viel Eis gegessen 4. waren meine Eltern alleine nach Berlin gefahren 5. hatte mein Bruder eine Radtour gemacht 6. hatten die Grosseltern uns besucht 7. hatte Herr Schmidt das Nachbarhaus verkauft 8. hatte ich einen kleinen Job gehabt 9. hatte meine Mutter viel im Garten gearbeitet 10. hatten meine Geschwister oft im Park gespielt

Exercise 88

1. Sie werden in den Park gegangen sein. 2. Er wird zu Hause geblieben sein. 3. Du wirst es zu Hause gelassen haben. 4. Er wird zu viel gegessen haben. 5. Es (das Kind) wird die Hausaufgaben nicht gemacht haben. 6. Es (das Kind) wird nicht genug geschlafen haben. 7. Hans wird die Tür aufgemacht haben. 8. Sie (die Kinder) werden sich versteckt haben. 9. Er (der Junge) wird sich nicht gewaschen haben. 10. Sie (die Kleine) wird keine Geschenke bekommen haben.

Exercise 89

1. Es macht Spass, Deutsch zu lernen. 2. Es macht Spass, mit den Freunden zu telefonieren. 3. Es macht Spass, im Park spazierenzugehen. 4. Es macht Spass, ein Konzert zu besuchen. 5. Es macht Spass, neues Essen zu probieren. 6. Er hat vor, Arbeit zu bekommen. 7. Er hat vor, in Stuttgart zu wohnen. 8. Er hat vor, in einem Jahr zurückzukommen 9. Er hat vor, viel Deutsch zu sprechen 10. Er hat vor, ein Millionär zu sein. 11. Es ist langweilig, in die Schule zu gehen. 12. Es ist langweilig, das Zimmer aufzuräumen. 13. Es ist langweilig, Onkel August zu besuchen. 14. Es ist langweilig, zu Hause zu sitzen. 15. Es ist langweilig, immer Kopfschmerzen zu haben. 16. Ich habe gestern mein Zimmer aufräumen müssen. 17. Ich habe gestern den Rasen mähen müssen. 18. Ich habe gestern das Geschirr spülen müssen. 19. Ich habe gestern einen Brief schreiben müssen. 20. Ich habe gestern früh ins Bett gehen müssen.

Exercise 90

1. Er würde gern nach Deutschland fliegen. 2. Luise würde lieber in die Schweiz fahren. 3. Die Kinder würden gern Ball spielen. 4. Müllers würden am liebsten ins Konzert gehen. 5. Wir würden gern frische Erdbeeren essen. 6. Würdet ihr gern eine Radtour machen? 7. Ich würde am liebsten in Österreich wohnen. 8. Der Bruder würde am liebsten alles essen. 9. Tante Emma würde lieber ein neues Kleid kaufen. 10. Die Geschwister würden gern schwimmen gehen.

Exercise 91

1. Ich würde eine warme Jacke anziehen. 2. Ich würde das rote Auto kaufen. 3. Ich würde zu Hause bleiben. 4. Ich würde an den Bodensee fahren. 5. Ich würde ins Kino gehen.

Exercise 92

1. Dürfte ich telefonieren? 2. Würden Sie die Tür aufhalten? 3. Würdest du auf die Kinder aufpassen? 4. Könnten Sie etwas Geld leihen? 5. Würdest du (Würden Sie) mit mir ausgehen? 6. Dürfte ich hier parken? 7. Könntest du auf mich warten? 8. Würden Sie mir einen Brief schreiben? 9. Würdest du (Würden Sie) mich besuchen? 10. Könntest du (Könnten Sie) mit mir ins Kino gehen?

Exercise 93

1. Du könntest (Sie könnten) ins Kino gehen. 2. Du könntest (Sie könnten) eine Radtour machen. 3. Du könntest (Sie könnten) Freunde besuchen. 4. Du könntest (Sie könnten) schwimmen gehen. 5. Ihr könntet (Sie könnten) nach Italien fahren. 6. Ihr könntet (Sie könnten) nach den Staaten fliegen. 7. Ihr könntet (Sie könnten) ein Häuschen an der See kaufen. 8. Ihr könntet (Sie könnten) mir das Geld geben. 9. Sie könnten in den Park gehen. 10. Sie könnten die Oma besuchen.

Exercise 94

1. Wenn ich in Deutschland wäre, würde ich Schwarzwälder Torte essen. 2. Wenn die Tante hier wäre, würde die Mutter Kaffee trinken. 3. Wenn Peter viel Geld hätte, würde er ein neues Auto kaufen. 4. Wenn mein Bruder eine schlechte Note hätte, würden meine Eltern ernst mit ihm sprechen. 5. Wenn die Kinder Ferien hätten, würden sie ins Schwimmbad gehen. 6. Wenn wir Millionär wären, würden wir in der Schweiz ein Ferienhaus kaufen. 7. Wenn Peter reich wäre, würde er in den Orient fahren. 8. Wenn Müllers Karten hätten, würden sie ins Theater gehen. 9. Wenn ich gesund wäre, würde ich Sport machen. 10. Wenn es nicht so kalt wäre, würden wir draussen sitzen.

Exercise 95

1. Ich hätte (Wir hätten) gern Erdbeertorte. 2. Er hätte gern Schwarzwäldertorte. 3. Sie (Luise) hätte gern Apfelstrudel. 4. Sie (Frau Schmidt) hätte gern Vanilleeis. 5. Wir hätten gern Schokoladeneis.

Exercise 96

1. Das Wasser kann von den Kindern getrunken werden. 2. Der Kuchen darf von den Brüdern gegessen werden. 3. Der Film muss von dir gesehen werden. 4. Der Brief muss von euch geschrieben werden. 5. Die Gäste können von uns begrüsst werden.

Exercise 97

1. Der Pulli musste von der Schwester gewaschen werden. 2. Der Kuchen konnte von dem Chef gebacken werden. 3. Der Film sollte von dem Lehrer gezeigt werden. 4. Das Geschenk durfte von dem Kind nach Hause genommen werden. 5. Die Karten mussten von uns gekauft werden.

Exercise 98

1. Er wäscht sich. 2. Ich kämme mir die Haare. 3. Putzt du dir die Zähne? 4. Hast du dir das Bein gebrochen? 5. Er rasiert sich. 6. Ich ziehe mich schnell an. 7. Sie wäscht den Pulli. 8. Er hat sich das Knie verletzt. 9. Wir waschen uns sechsmal am Tag die Hände. 10. Ziehst du dir die gelben Socken an?

Index of Verbs

German–English

When a form of **sein** is needed to build the perfect tenses, **ist** appears before the past participle.

infinitive	stem vowel change present tense	past	past participle	meaning
abholen		holte ab	abgeholt	to fetch
abnehmen	nimmt ab	nahm ab	abgenommen	to take off, to lose weight
amüsieren		amüsierte	amüsiert	to amuse
anbieten		bot an	angeboten	to offer
ändern		änderte	geändert	to change
anfangen	fängt an	fing an	angefangen	to start
ankommen		kam an	ist angekommen	to arrive
anrufen		rief an	angerufen	to call up
ansehen	sieht an	sah an	angesehen	to look at
antworten		antwortete	geantwortet	to answer
anziehen		zog an	angezogen	to put on
arbeiten		arbeitete	gearbeitet	to work
ärgern		ärgerte	geärgert	to anger
atmen		atmete	geatmet	to breathe
aufhören		hörte auf	aufgehört	to stop
aufpassen		passte auf	aufgepasst	to pay attention
aufstehen		stand auf	ist aufgestanden	to stand up, to get up
ausgchcn		ging aus	ist ausgegangen	to go out
auspacken		packte aus	ausgepackt	to unpack
ausruhen		ruhte aus	ausgeruht	to rest

infinitive	stem vowel change present tense	past	past participle	meaning
aussteigen		stieg aus	ist ausgestiegen	to climb out
ausziehen		zog aus	ausgezogen	to take off
backen	bäckt	backte	gebacken	to bake
baden		badete	gebadet	to bathe
bauen		baute	gebaut	to build
bedanken		bedankte	bedankt	to thank
beeilen		beeilte	beeilt	to hurry
befehlen	befiehlt	befahl	befohlen	to command
begegnen		begegnete	begegnet	to meet
beginnen		begann	begonnen	to begin
begreifen		begriff	begriffen	to understand
behalten	behält	behielt	behalten	to keep
beissen		biss	gebissen	to bite
bekommen		bekam	bekommen	to receive
benehmen	benimmt	benahm	benommen	to behave
beschreiben		beschrieb	beschrieben	to describe
besitzen		besass	besessen	to own
besprechen	bespricht	besprach	besprochen	to discuss
bestellen		bestellte	bestellt	to order
besuchen		besuchte	besucht	to visit
beten		betete	gebetet	to pray
bewegen		bewegte	bewegt	to move
beweisen		bewies	bewiesen	to prove
bezahlen		bezahlte	bezahlt	to pay
binden		band	gebunden	to tie
bitten		bat	gebeten	to ask, pray
blasen	bläst	blies	geblasen	to blow
bleiben		blieb	ist geblieben	to stay
blitzen		blitzte	geblitzt	to lightning
blühen		blühte	geblüht	to bloom
brauchen		brauchte	gebraucht	to need
brechen	bricht	brach	gebrochen	to break
brennen		brannte	gebrannt	to burn
bringen		brachte	gebracht	to bring
bücken		bückte	gebückt	to bend down
danken		dankte	gedankt	to thank
decken		deckte	gedeckt	to cover

denken		dachte	gedacht	to think
dienen		diente	gedient	to serve
dividieren		dividierte	dividiert	to divide
donnern		donnerte	gedonnert	to thunder
drehen		drehte	gedreht	to turn
dürfen	darf	durfte	gedurft	to be allowed
einbilden		bildete ein	eingebildet	to imagine
einkaufen		kaufte ein	eingekauft	to shop
einladen		lud ein	eingeladen	to invite
einpacken		packte ein	eingepackt	to pack
einschlafen	schläft ein	schlief ein	ist eingeschlafen	to fall asleep
einstecken		steckte ein	eingesteckt	to put in
eintreten	tritt ein	trat ein	ist eingetreten	to enter
empfangen	empfängt	empfing	empfangen	to receive
empfehlen	empfiehlt	empfahl	empfohlen	to recommend
empfinden		empfand	empfunden	to feel
entlassen	entlässt	entliess	entlassen	to dismiss
entscheiden		entschied	entschieden	to decide
entschuldigen		entschuldigte	entschuldigt	to excuse
erfahren	erfährt	erfuhr	erfahren	to come to know
erfinden		erfand	erfunden	to discover
erhalten	erhält	erhielt	erhalten	to receive
erinnern		erinnerte	erinnert	to remember
erkennen		erkannte	erkannt	to recognize
erkälten		erkältete	erkältet	to catch cold
erklären		erklärte	erklärt	to explain
erscheinen		erschien	ist erschienen	to appear
ertrinken		ertrank	ist ertrunken	to drown
erwarten		erwartete	erwartet	to expect
erzählen		erzählte	erzählt	to tell
erziehen		erzog	erzogen	to raise
essen	isst	ass	gegessen	to eat
fahren	fährt	fuhr	ist gefahren	to go (vehicle)
fallen	fällt	fiel	ist gefallen	to fall
fangen	fängt	fing	gefangen	to catch
fehlen		fehlte	gefehlt	to be missing
feiern		feierte	gefeiert	to celebrate
festhalten	hält fest	hielt fest	festgehalten	to hold on
finden		fand	gefunden	to find

infinitive	stem vowel change present tense	past	past participle	meaning
fliegen		flog	ist geflogen	to fly
folgen		folgte	ist gefolgt	to follow
fortgehen		ging fort	ist fortgegangen	to go away
fortsetzen		setzte fort	fortgesetzt	to continue
fragen		fragte	gefragt	to ask
fressen	frisst	frass	gefressen	to eat (animals)
freuen		freute	gefreut	to be glad
frieren		fror	ist gefroren	to freeze
fühlen		fühlte	gefühlt	to feel
führen		führte	geführt	to lead
geben	gibt	gab	gegeben	to give
gehen		ging	ist gegangen	to go
gehorchen		gehorchte	gehorcht	to obey
gelingen		gelang	ist gelungen	to succeed
geschehen	geschieht	geschah	ist geschehen	to happen
gewinnen		gewann	gewonnen	to win
gewöhnen		gewöhnte	gewöhnt	to get used to
glauben		glaubte	geglaubt	to believe
greifen		griff	gegriffen	to reach
grüssen		grüsste	gegrüsst	to greet
haben	hat	hatte	gehabt	to have
halten	hält	hielt	gehalten	to hold
hämmern		hämmerte	gehämmert	to hammer
hängen		hing	gehangen	to hang
heben		hob	gehoben	to lift
heimgehen		ging heim	ist heimgegangen	to go home
helfen	hilft	half	geholfen	to help
herausbringen		brachte heraus	herausgebracht	to bring out
herausreissen		riss heraus	herausgerissen	to pull out
hereinkommen		kam herein	ist hereinge- kommen	to come in
hereinlassen	lässt herein	liess herein	hereingelassen	to let in
herstellen		stellte her	hergestellt	to produce
hinausgehen		ging hinaus	ist hinausgegangen	to go out
hinbringen		brachte hin	hingebracht	to bring away
hineinfallen	fällt hinein	fiel hinein	ist hineingefallen	to fall in
hoffen		hoffte	gehofft	to hope
holen		holte	geholt	to fetch

hören		hörte	gehört	to hear
interessieren		interessierte	interessiert	to interest
kämmen		kämmte	gekämmt	to comb
kaufen		kaufte	gekauft	to buy
kennen		kannte	gekannt	to know
klingeln		klingelte	geklingelt	to ring
klopfen		klopfte	geklopft	to knock
kochen		kochte	gekocht	to cook
kommen		kam	ist gekommen	to come
können	kann	konnte	gekonnt	to be able to
korrigieren		korriegierte	korrigiert	to correct
kosten		kostete	gekostet	to cost
kriechen		kroch	ist gekrochen	to crawl
lächeln		lächelte	gelächelt	to smile
lachen		lachte	gelacht	to laugh
lassen	lässt	liess	gelassen	to leave, let
laufen	läuft	lief	ist gelaufen	to run
leben		lebte	gelebt	to live
legen		legte	gelegt	to put
lehren		lehrte	gelehrt	to teach
leihen		lieh	geliehen	to lend
sich leisten		leistete	geleistet	to afford
lernen		lernte	gelernt	to learn
lesen	liest	las	gelesen	to read
lieben		liebte	geliebt	to love
licgcn		lag	gelegen	to lie
loben		lobte	gelobt	to praise
lügen		log	gelogen	to (tell a) lie
machen		machte	gemacht	to make
marschieren		marschierte	ist marschiert	to march
messen	misst	mass	gemessen	to measure
mitbringen		brachte mit	mitgebracht	to bring along
mögen	mag (möchte)	mochte	gemocht	to like
musizieren		musizierte	musiziert	to make music
müssen	muss	musste	gemusst	to have to
nachdenken		dachte nach	nachgedacht	to reflect
nachfragen		fragte nach	nachgefragt	to inquire
nachlaufen	läuft nach	lief nach	ist nachgelaufen	to run after
nehmen	nimmt	nahm	genommen	to take
nennen		nannte	genannt	to name

infinitive	stem vowel change present tense	past	past participle	meaning
niederbrennen		brannte nieder	ist niedergebrannt	to burn down
öffnen		öffnete	geöffnet	to open
operieren		operierte	operiert	to operate
pfeifen		pfiff	gepfiffen	to whistle
pflanzen		pflanzte	gepflanzt	to plant
photographieren		photographierte	photographiert	to photograph
probieren		probierte	probiert	to try
prüfen		prüfte	geprüft	to test
raten	rät	riet	geraten	to advise, to guess
rauchen		rauchte	geraucht	to smoke
reden		redete	geredet	to speak
regieren		regierte	regiert	to rule
registrieren		registrierte	registriert	to register
regnen		regnete	geregnet	to rain
reisen		reiste	ist gereist	to travel
reiten		ritt	ist geritten	to ride (horses)
rennen		rannte	ist gerannt	to run
reparieren		reparierte	repariert	to repair
riechen		roch	gerochen	to smell
rufen		rief	gerufen	to call
säen		säte	gesät	to sow
sagen		sagte	gesagt	to say
saufen	säuft	saufte	gesauft	to drink (animals)
schaden		schadete	geschadet	to harm
schämen		schämte	geschämt	to be ashamed
schauen		schaute	geschaut	to look
scheinen		schien	geschienen	to shine, seem
schicken		schickte	geschickt	to send
schieben		schob	geschoben	to push
schiessen		schoss	geschossen	to shoot
schlafen	schläft	schlief	geschlafen	to sleep
schlagen	schlägt	schlug	geschlagen	to hit
schliessen		schloss	geschlossen	to close
schmecken		schmeckte	geschmeckt	to taste
schmeicheln		schmeichelte	geschmeichelt	to flatter
schneien		schneite	geschneit	to snow
schreiben		schrieb	geschrieben	to write

schreien		schrie	geschrie(e)n	to yell
schweigen		schwieg	geschwiegen	to be silent
schwimmen		schwamm	ist geschwommen	to swim
schütteln		schüttelte	geschüttelt	to shake
sehen	sieht	sah	gesehen	to see
sein	ist	war	ist gewesen	to be
senden		sandte	gesandt	to send
servieren		servierte	serviert	to serve
singen		sang	gesungen	to sing
sinken		sank	ist gesunken	to sink
sitzen		sass	gesessen	to sit
sollen	soll	sollte	gesollt	supposed to
spielen		spielte	gespielt	to play
sprechen	spricht	sprach	gesprochen	to speak
springen		sprang	ist gesprungen	to jump
stechen	sticht	stach	gestochen	to poke
stehen		stand	gestanden	to stand
stehlen	stiehlt	stahl	gestohlen	to steal
steigen		stieg	ist gestiegen	to climb
sterben	stirbt	starb	ist gestorben	to die
steuern		steuerte	gesteuert	to steer
streiten		stritt	gestritten	to quarrel
suchen		suchte	gesucht	to search
tanzen		tanzte	getanzt	to dance
telefonieren		telefonierte	telefoniert	to telephone
tragen	trägt	trug	getragen	to carry, wear
treffen	trifft	traf	getroffen	to meet
treten	tritt	trat	ist getreten	to step
trinken		trank	getrunken	to drink
tun	tut	tat	getan	to do
umpflanzen		pflanzte um	umgepflanzt	to transplant
umsehen	sieht um	sah um	umgesehen	to look around
umziehen		zog um	ist umgezogen	to change clothing or residence
untergehen		ging unter	ist untergegangen	to go down
verbergen	verbirgt	verbarg	verborgen	to hide
verbessern		verbesserte	verbessert	to improve
verbieten		verbot	verboten	to forbid
vergessen	vergisst	vergass	vergessen	to forget

infinitive	stem vowel change present tense	past	past participle	meaning
vergleichen		verglich	verglichen	to compare
verlangen		verlangte	verlangt	to demand
verlassen	verlässt	verliess	verlassen	to abandon
verlieren		verlor	verloren	to lose
versprechen	verspricht	versprach	versprochen	to promise
verstecken		versteckte	versteckt	to hide
verstehen		verstand	verstanden	to understand
vorbereiten		bereitete vor	vorbereitet	to prepare
vorhaben		hatte vor	vorgehabt	to plan to do
vorstellen		stellte vor	vorgestellt	to introduce
wachsen	wächst	wuchs	ist gewachsen	to grow
warten		wartete	gewartet	to wait
waschen	wäscht	wusch	gewaschen	to wash
wegführen		führte weg	weggeführt	to lead away
weinen		weinte	geweint	to cry
wenden		wandte	gewandt	to turn
werden	wird	wurde	ist geworden	to become
werfen	wirft	warf	geworfen	to throw
wiederholen		wiederholte	wiederholt	to repeat
wispern		wisperte	gewispert	to whisper
wissen	weiss	wusste	gewusst	to know
wohnen		wohnte	gewohnt	to reside
wollen	will	wollte	gewollt	to want
wünschen		wünschte	gewünscht	to wish
zahlen		zahlte	gezahlt	to pay
zählen		zählte	gezählt	to count
zeigen		zeigte	gezeigt	to show
zerreissen		zerriss	zerrissen	to tear apart
ziehen		zog	gezogen	to pull
zumachen		machte zu	zugemacht	to close
zurückgehen		ging zurück	ist zurückgegangen	to go back
zusammenbringen		brachte zusammen	zusammengebracht	to bring together

English–German

The hyphen in some of the verbs signifies a separable prefix.

to advise—raten
to afford—sich leisten
to amuse—amüsieren
to anger—ärgern
to answer—antworten
to appear—erscheinen
to arrive—an-kommen
to ask—bitten, fragen
to bake—backen
to bathe—baden
to be—sein
to be able to, can—können
to be allowed to—dürfen
to be ashamed—sich schämen
to be called—heissen
to be expected to—sollen
to be glad—sich freuen
to be missing—fehlen
to become—werden
to begin—beginnen
to behave—sich benehmen
to believe—glauben
to bend down—sich bücken
to bite—beissen
to bloom—blühen
to blow—blasen
to break—brechen
to breathe—atmen
to bring—bringen
to bring along—mit-bringen
to bring away—hin-bringen
to bring out—heraus-bringen
to bring together—zusammen-bringen
to build—bauen
to burn—brennen
to burn down—nieder-brennen

to buy—kaufen
to call—rufen
to call on the phone—an-rufen, telefonieren
to carry, wear—tragen
to catch—fangen
to catch cold—erkälten
to celebrate—feiern
to change—ändern
to climb—steigen
to climb out—aus-steigen
to close—schliessen, zu-machen
to comb—kämmen
to come—kommen
to come in—herein-kommen
to command—befehlen
to compare—vergleichen
to continue—fort-setzen
to cook—kochen
to correct—korrigieren, verbessern
to cost—kosten
to count—zählen
to cover—decken
to crawl—kriechen
to cry—weinen
to dance—tanzen
to decide—entscheiden
to demand—verlangen
to describe—beschreiben
to die—sterben
to discover—erkunden, entdecken
to discuss—besprechen
to dismiss—entlassen, gehen lassen
to divide—dividieren
to do—tun
to drink—trinken, saufen (animals)
to drown—ertrinken

to eat—essen, fressen (animals)

to enter—ein-treten

to excuse—entschuldigen

to expect—erwarten

to explain—erklären

to fall—fallen

to fall asleep—ein-schlafen

to feel—empfinden

to fetch—holen, ab-holen

to find—finden

to find out—erfahren

to flatter—schmeicheln

to fly—fliegen

to follow—folgen

to forbid—verbieten

to forget—vergessen

to freeze—frieren

to get used to—gewöhnen

to give—geben

to go—gehen

to go away—fort-gehen

to go back—zurück-gehen

to go by vehicle—fahren

to go down—unter-gehen

to go home—heim-gehen

to go out—hinaus-gehen, aus-gehen

to greet—grüssen

to grow—wachsen

to hammer—hämmern

to hang—hängen

to happen—geschehen

to harm—schaden

to have—haben

to have to—müssen

to hear—hören

to hide—verstecken, verbergen

to hit—schlagen

to hold—halten

to hold on—fest-halten

to hope—hoffen

to hurry—beeilen

to imagine—ein-bilden

to inquire—nach-fragen

to interest—interessieren

to introduce—vor-stellen

to invite—ein-laden

to jump—springen

to keep—behalten

to knock—klopfen

to know—kennen, wissen

to laugh—lachen

to lead—führen

to lead away—weg-führen

to learn—lernen

to leave—lassen, verlassen

to lend—leihen

to let in—herein-lassen

to lie—liegen

to (tell a) lie—lügen

to lift—heben

to lightning—blitzen

to like—mögen

to listen—zu-hören

to live—leben

to look—schauen

to look around—um-sehen

to look at—an-sehen, an-schauen

to lose—verlieren

to lose weight—ab-nehmen

to love—lieben

to make—machen

to make music—musizieren

to march—marschieren

to measure—messen

to meet—begegnen, treffen, kennen-lernen

to move—bewegen, um-ziehen

to name—nennen

to need—brauchen

to obey—gehorchen

to offer—an-bieten

to open—öffnen

to operate—operieren

to order—bestellen

to own—besitzen

to pack—packen

to pay—bezahlen, zahlen

to pay attention—auf-passen

to photograph—photographieren

to plan to do—vor-haben

to plant—pflanzen

to play—spielen

to poke—stechen

to praise—loben

to pray—beten

to prepare—vor-bereiten

to produce—her-stellen

to promise—versprechen

to prove—beweisen

to pull—ziehen

to push—schieben

to put—legen

to put in—ein-stecken

to put on—an-ziehen

to quarrel—streiten

to rain—regnen

to raise—erziehen

to reach—greifen

to read—lesen

to receive—bekommen, erhalten, empfangen

to recognize—erkennen

to recommend—empfehlen

to reflect—nach-denken

to register—registrieren

to remember—erinnern

to repair—reparieren

to repeat—wieder-holen

to reside—wohnen

to rest—aus-ruhen, ruhen

to ride (horseback)—reiten

to ring—klingeln

to rule—regieren

to run—laufen, rennen

to run after—nach-laufen

to say—sagen

to search—suchen

to see—sehen

to sell—verkaufen

to send—senden, schicken

to shake—schütteln

to shine—scheinen

to shoot—schiessen

to want to—wollen